パリジェンヌの心のビタミン

波瀾万丈もこわくない、
心を強くスリムにしてくれる名言集

畠山奈保美
Naomi Hatakeyama

はじめに

　女性には、いくつもの転機が突然おとずれる。人生のドラマの中で、自分の力ではどうする事もできない運命の力に、茫然とする事もある。それでも見果てぬ夢と憧れと挫折を繰り返しながら、自分以外の誰かを信じてみたり、真似したりして、自分探しのクエスト（追求）の旅は、もう始まっている。

　答えのない自分探しの旅の中で、運命の力には、さすがに抵抗できないが、少なくても自分の心を高めていくことはできる。波瀾万丈であればあるほど、心は強く、美しく、スリムになっていくのかもしれない。恋愛の中で、就職の中で、家族との別離の中で、結婚と離婚の中で、出産と育児の大仕事の中で、病気との闘いの中で、自分の夢を叶える自己実現の葛藤の中で、人生の選択を迫られる転機がいくつもある。その選択を、誰かにゆだねるのではなく、人まかせにしないで、最終的に自分自身で決めて、覚悟を定める勇気こそが、人生の最大の選択の「自由」な勇気なのだと思う。

　その勇気を振り絞るためには、人生の師との出会いが必要かもしれない。自分を高めてくれる芸術的な作品が必要かもしれない。自分を

俯瞰するために、自分以外の英雄伝を知ることも必要かもしれない。

　そんな時に、この本が少しでも役立ってくれる事を祈りながら、ここにいる貴女に心からこの本を捧げたい。この本の中でセレクトした、フランスの歴史にインパクトを与えてきた12名の女性たちの生き方は、すべてがすべて幸せな人生とはとても言えない。でも、その壮絶な彼女たちの人生を知ることで、つらいのは貴女だけではないってことを、心のビタミンにして欲しい。困難の中にいる時は、自分だけが不幸の中心になりがちだけど、パリジェンヌの心のビタミンは、そんな貴女の心を解き放って、自由にしてくれるに違いない。

　最後に、この本でセレクトした女性たちの「ゆかりの地」が、いつかフランスを訪れた時には、実際にたずねる為に役立ってくれたらと、私は秘かに願っている。でもその前に、まず、この本の中で、私と一緒に旅してみませんか？ 飛行機のチケットもスーツケースもいらない、自由な心の旅へ。

Nous allons faire un beau voyage !
さぁ、佳き旅をしましょう！

パリジェンヌの心のビタミン
SOMMAIRE

はじめに ……………… 002

A AMOUR ABSOLU
絶対なる愛 ……………… 006
別離の悲しみや様々な困難の中でも、
愛だけを歌い続ける
par エディット・ピアフ

C COMBATTANTE
闘う女 ……………… 012
圧縮された想いから解放され、
過酷な差別と闘うミッションとパッション
par ジョセフィン・ベーカー

BIEN SÛR DES JAPONAISES
もちろん日本女性だって！ ……………… 016
エリザベス・サンダース・ホームの創立者
澤田美喜

D DESTIN
運命 ……………… 020
運命に翻弄されながらも、
不滅であり続ける運命
par カミーユ・クローデル

Pause ひと息 ……………… 026
墓場のロダンからも言わせて

F FORTUNE
幸運 ……………… 030
あり得ない幸運と悲運、
常に運とともに皇后であり続けた女
par ジョゼフィーヌ・ド・ボアルネ

DICO-CITATIONS
名言と解説 ……………… 042
パリジェンヌのコトタマ集　其の1

I INSPIRATRICE
インスパイアさせる女 ……………… 050
モンパルナスに降臨した酔いどれの女神は、
芸術家たちに刺激を与え続けた
par モンパルナスのキキ

Pause ひと息 ……………… 056
キキの墓地と謎の猫

L LIBERTÉ
自由 ……………… 060
パリのサン・ジェルマン・デ・プレの
ミューズとして、自由に愛され、
自由をこよなく愛した女
par ジュリエット・グレコ

M MANIFESTATION
自分を表明する生き方 ……………… 066
愛し愛されることが、
プロであり続けるための真実のエネルギー
par ジョルジュ・サンド

BIEN SÛR DES JAPONAISES
もちろん日本女性だって！ ……… 074
女性作家のパイオニア
樋口一葉

BIEN SÛR DES JAPONAISES
もちろん日本女性だって！ ……… 080
青鞜社を創立した女性運動のパイオニア
平塚らいてう

P PORTE-DRAPEAU
旗手 ……… 084
戦後のフェミニズムの旗手として、
新時代のフランス女性を勇気づけた
par シモーヌ・ド・ボーヴォワール

Pause ひと息 ……… 090
パリジェンヌの縁起かつぎ

Q QUAND MÊME
にもかかわらず ……… 092
ジェンダーを超える表現力と信念で
舞台女優の先駆けになった女優魂
par サラ・ベルナール

BIEN SÛR DES JAPONAISES
もちろん日本女性だって！ ……… 098
サラと同時代を生きた日本の女優
松井須磨子

R RÉVOLUTION
革命 ……… 102
フランス貴族社会の美のミューズから、
悲劇的な革命のヒロインとなった
波乱の女王
par マリー・アントワネット

Pause ひと息 ……… 110
パリジェンヌが元気のない時や、心が折れた時に
実際にしていること
パリジェンヌが元気のない時や、心が折れた時に
してしまって後悔すること

S SOLITUDE
孤独 ……… 112
人生の孤独をエピス（香辛料）に、
現代に生きる女性を描いた作家
par フランソワーズ・サガン

V VISIONNAIRE
ヴィジョンを見る女 ……… 120
絶体絶命のピンチに打ち勝ち、
自分を信じ続ける力
par ジャンヌ・ダルク

Pause ひと息 ……… 130
ジャンヌの故郷を訪ねて

DICO-CITATIONS
名言と解説 ……… 134
パリジェンヌのコトタマ集　其の2

参考文献 ……… 142

＊本書は2016年10月現在のデータを掲載しています。

VITAMINE (ビタミン)

AMOUR ABSOLU(アムール アブソリュ／絶対なる愛)

別離の悲しみや様々な困難の中でも、愛だけを歌い続ける

par エディット・ピアフ

愛する権利を得るためには、たくさんの、
本当にたくさんの涙を流さないといけない。

Il faut tant et tant de larmes
pour avoir le droit d'aimer.

たとえ失ったとしても、
その愛は貴方に蜜の味を残すでしょう。
愛、それは永遠だから……

Même quand on l'a perdu,
l'amour qu'on a connu vous laisse
un goût de miel. L'amour c'est éternel …

春は死に、また新しい春がくる。
すべては変わり、すべてはそのまま。

Un printemps meurt, en vient un autre.
Et tout change, et tout est pareil.

死という別離を乗り越えようとして、愛に生きたエディット・ピアフ

　ペール・ラシェーズ墓地にあるエディット・ピアフのお墓を訪れた時、ピアフがいかに小柄だったのかが納得できた。実際に彼女の身長は147センチだったとか。「ピアフ」という芸名は、パリジャンの使う俗語で「雀」という意味だそうで、小柄でも見事な声でさえずる、彼女のイメージにぴったりだ。しかし、ピアフの人生は、その芸名からは想像できないほど波乱に満ちたものだった。それは愛を求めては愛に傷つき、また愛を信じて愛を惜しみなく与え、そして愛を失っても愛を歌い続けた、愛と別離の壮絶な絵巻そのものであった。

　本当の恋愛を知らなかったと言われるピアフは、31歳の時に初めての真剣な恋に落ちる。その相手は、フランスのミドル級ボクシングチャンピオン、マルセル・セルダン(Marcel Cerdan 1916-1949)だった。ニューヨークにいたピアフは、遠征試合に来ていた彼と、運命的な出会いをする。2人はお互いに両親の愛に恵まれず、とても貧しい家庭に育ち、まさに似た者同士。魂と魂が強い磁力で引き合うように、プラズマの光のような大恋愛に発展していく。彼にはアルジェリアに妻と2人の子どもがいたので、この世紀の大恋愛はメディアの格好の話題となって、常に注目を浴び続けるようになる。やがてセルダンはニューヨークのピアフが見守る試合で、待望の世界チャンピオンとなり、2人は幸せの絶頂を迎える。だが、運命は情け容赦なくこの2人を引き裂いてしまうのだ。

エディット・ピアフ

Édith Piaf （1915年12月19日～1963年10月11日）
20世紀半ばに一世を風靡した国民的シャンソン歌手。最愛の恋人を亡くした悲しみを乗り越えて、永遠の愛を歌った「愛の讃歌」は、今も世界中で愛されている。他に「バラ色の人生」、「パリの空の下」など、多数の名曲を世界にひろめた。

空が愛する人を奪う

　幸せに酔うピアフは、パリにいたマルセルに、1日も早くニューヨークに会いに来て欲しいと懇願する。時間のかかる船よりも、飛行機ですぐに来て欲しいと。マルセルも一度は取ってしまったニューヨーク行きの船のチケットを破り捨てて、彼女のために、エールフランスの飛行機のチケットを取り直した。マルセルも同様に、一刻も早くピアフに会いたかったからだ。そして飛び立った飛行機が、あろうことか墜落してしまう。マルセルは永遠にピアフとの再会を果たせぬまま、この世紀の大恋愛ドラマは、あまりにも突然に、悲劇的な結末を迎えてしまうのだった。

　ピアフは自分が船をやめて飛行機で来て欲しいと言ったから、マルセルは死んでしまったのだと、自分を激しく責め続け、半狂乱になり、しばらくは手がつけられない状態だったようだ。それからピアフは、アルコールとドラッグに溺れ、もうろうとした頭の中で、「あの人は空で命を落としたのだから、いつも空を漂っているはず」と毎日歌のようにつぶやいていたという。それが歌詞のベースとなって、かの有名な「愛の讃歌」が誕生したと言われている。

　日本では岩谷時子さんの素晴しい訳詞で歌う歌手の方も多いようだが、原詞の「愛の讃歌」の世界観は、普遍的で限りない愛のテーマそのものだ。

　「この空が落ちてきたとしても、この地面が割れたとしても、どうってことはない。だって愛しあっているから。貴方の愛があれば、何も怖くない。地の果てまで行ってみせるから……」(訳詩／ Naomi B.Sauvage)

　このピアフの詞は、空で散った最愛の恋人への、まさに永遠の「愛の讃歌」。絶対なる愛への賛美歌である。今も世界中で愛されるフランスの代表的な歌だ。ピアフはこれを歌うことで悲しみを乗り越え、歌手としてもカムバックできるまでになった。この歌を歌うために、マルセルと

の劇的な別離を経験したのではないかと思われるほどに。

　ピアフが亡くなる2年前、カムバックの凱旋公演がパリの名門オランピア劇場で開催された。その記念すべきステージを実際に見た知り合いのフランス人老夫婦は、まるでピアフが今、目の

ステージで熱唱するピアフ　AFP＝時事

前にいるかのように、その時の感激を語ってくれた。「割れんばかりの拍手の中でステージに現れたピアフは、本当に小さくてびっくりした。しかし、いざ歌い出すと、彼女の存在はステージから観客を圧倒してしまうくらい強烈だった。カムバックできた喜びなどの余計な話は何もなく、淡々と一曲一曲大切に歌い上げて、あっという間にステージは終わってしまった」。

　今ではインターネットで検索すれば、そんな彼女の映像を簡単に見ることができるが、ピアフの観客を圧倒するパワーは、その場にいて共有できてこそ、震える程の感動があるのだろう。それはまさにダイレクトに細胞へ伝わる原始的な振動・プラズマのようなものなのではないだろうか。

新しい愛に生きる

　愛を失った悲しみを、愛する喜びを歌うことで癒されたピアフは、今度は20歳年下の歌手志望で、ピアフの熱烈なファンのテオ・サラポ (Théo Sarapo　1936-1970) というギリシャ系の男性と恋に落ちる。そして、ピアフが亡くなる1年前にふたりは晴れて結婚式を挙げる。その当時のご両人の熱愛ぶりに、世間はさすがに騒然としたが、2人の微笑ましい様子を見ると、むしろ祝福の嵐になった。ピアフは彼とのデュエットソング「恋は何のために (A quoi ça sert l'amour？)」がヒット

エディット・ピアフ

A

したことで、一緒に舞台に立って、彼を歌手として売り出していった。

47歳でこの世を去ったピアフには、多額の借金があったことが死後に判明した。しかし残された若い夫がすべて独力で返済してしまったと言われているが、彼も34歳の時に交通事故で亡くなっている。

愛することで、最後まで必死に闘ったピアフからのコトタマは、我々にも生き続ける勇気を与えてくれると、美談で終わりたいところだが、ピアフを知る某フランス人大物女性シンガー曰く、「ピアフの若手女性歌手への嫉妬と嫌がらせは、ウルトラ級だった」。彼女のせいで多くの若手シンガーの才能はつぶされたかもしれないとも。常に自分がトップにいないと気がすまない童女のような人だったとか。「でも、天にとどろくようなピアフの声の、独特なヴィブラートと、天から賜ったかのようなオーラはふつうではなく、まさに100年に1人の逸材と言えるけどね」と、その大物女性シンガーはシニカルに微笑んだ。彼女がピアフにつぶされなかったのは、ひとえにピアフとの距離の取り方が天才的に上手だったかららしい。彼女を尊敬しながら、近づきすぎず、離れすぎず、つまりは動物的なサバイバルの直感！ だそうだ。才能ある女性歌手には手厳しいピアフだったが、それとは裏腹に、若い男性歌手の才能発掘に関しては、生涯大いなる愛と熱意を持って取り組み、幾人もの新人歌手を世に送り出している。イヴ・モンタン（Yves Montand 1921-1991）や、ジョルジュ・ムスタキ（Georges Moustaki 1934-2013）や、シャルル・アズナヴール（Charles Aznavour 1924-　2016年現在92歳で現役）などもピアフのおかげで歌手になれたといっても過言ではない。

ピアフの天才的な声を惜しんで、パリでの葬儀には約4万人が集まっ

亡くなる前に結婚した新郎テオ・サラポとピアフ　AFP＝時事

た。大変親交が深かった20世紀を代表する文学者、ジャン・コクトー (Jean Cocteau 1889-1963)は、ピアフの死の知らせを聞いた4時間後、ショックのあまり、後を追いかけるように心臓麻痺で亡くなってしまったそうだ。

　いやはや、愛の力は恐るべしということだが、永遠に広がる青い空の上で、ピアフは愛した男性たちと再会を果たし、絶対なる愛を、歌っているのだろうか。

エディット・ピアフの ゆかりの地

ピアフ出生の地

謎の多い彼女の出生だが、この住所に行くと、アパートの玄関入り口にプレートが貼ってある。そこには「エディット・ピアフは1915年12月19日に、貧困の中、この家の階段で生まれた。後にその声は、世界中に衝撃を与えることになる」と書かれてある。

・72 rue de Belleville 75020 Paris

エディット・ピアフの ゆかりの地

ピアフ広場 (Place Édith Piaf)

メトロ3番線 Porte de Bagnolet 駅の5番出口を出ると、すぐさま目に飛び込んでくるのが、天に向かい両手を拡げて歌っているかのようなピアフの銅像だ。それ以外にも、広場の側面には、ピアフの顔を浮き彫りにしたレリーフと、親友だったジャン・コクトーの言葉が飾られている。それは、「エディット・ピアフは後にも先にも唯一無二。彼女しかいない」だ。ピアフを偲んだカフェも幾つかある。ピアフは無名時代に、この界隈で路上ライブをして、投げ銭を窓からもらって生計を立てていたらしい。

エディット・ピアフの ゆかりの地

ペール・ラシェーズ墓地 (Cimetière du Père Lachaise)

ピアフが眠るペール・ラシェーズ墓地は、パリの20区 Boulevard de Ménilmontant 沿いにある。メトロは 2、3番線の Père Lachaise 駅か3番線の Gambetta 駅。彼女の墓地の側面には最後の夫テオの名前と、彼女が17歳の時に出産して2歳で亡くなった唯一の娘、マルセルの名前も刻まれている。

・16 rue du Repos 75020 Paris

VITAMINE ビタミン

COMBATTANTE〔コンバットント／闘う女〕

圧縮された想いから解放され、過酷な差別と闘うミッションとパッション

par ジョセフィン・ベーカー

ある日、私は自分が住む国で黒人であるということを
恐れていた事実に気がついた。
パリにいると、そんな恐れからも、解放される。

Un jour j'ai réalisé que j'habitais dans un pays
ou j'avais peur d'être noire.
Je me suis sentie libérée à Paris.

舞台の上では、とっても野蛮な役を演じているから、
私の人生の中では、
できる限り文明人としてありたいと努力している。

Puisque je personnifie la sauvage sur scène,
j'essaie d'être aussi civilisée que possible dans la vie.

ジョセフィン・ベーカー

Joséphine Baker 〔1906年6月3日〜1975年4月12日〕

パリで初めて成功した黒人ダンサーであり歌手。アメリカのミズーリ州で私生児として生まれ、19歳でパリのステージにデビュー。1937年にフランス国籍を取得。晩年は戦争の孤児12人を養子にし、68歳で亡くなるまで社会福祉活動に身を投じた。

「黒いヴィーナス」として
パリで咲き誇った大輪の黒い華

　フランスを代表する詩人ボードレール（Charles-Pierre Baudelaire 1821-1867）が、彼の作品の中で表現した『夢にまでみた褐色の女神』が、あたかも降臨したようだったと、フランスの舞踏ジャーナリストに言わしめたジョセフィン・ベーカー。しかしジョセフィンの幼少期は、女神になるにはあまりにもほど遠く、悲惨なものだった。父親はユダヤ系のスペイン人でドラム奏者、母親はアフリカ系のアメリカ人で洗濯女。アメリカのミズーリ州に私生児として生まれ、混血とはいえ色が黒かったため、過酷な人種差別を受ける。しかし、父親のDNAのおかげなのか、子どもの頃から抜群のリズム感を持ち、踊ることが大好きだったジョセフィンは、16歳で家を出てフィラデルフィアの劇場のダンサーとしてデビューする。そこからニューヨークに渡り、コーラスガールの職を得た後、1925年にパリ・シャンゼリゼ劇場の「レビュー・ネグロ（黒いレビュー）」に加わるチャンスを得て渡仏。家を出てからは幸運が続き、彼女の踊るチャールストンはパリの観客の心を鷲づかみにして、一気に話題に。エキゾチックなその容貌と、しなやかな肢体を存分に使って踊るジョセフィンは、当時のパリジャンにとって新鮮そのものだったのだ。そしてついには、パリの「フォリー・ベルジェール劇場」の看板スターにのし上がってしまう。この劇場でジョセフィンは、腰にバナナ16本をたわわにぶら下げて踊るダンスを披露し、パリジャンはこぞって彼女のステージに拍手喝采を浴びせた。

　1920年代のパリは「狂乱のパリ」と称され、常軌を逸した熱狂的なエネルギーが渦巻いていた。自由と解放を味わい尽くそうとする前衛的でシュールなアーティストたちが、こぞって世界中から集まってきていた。その一番の理由は、何と言っても、当時アメリカで施行された禁酒法の影響。著名なジャズメンが、酒飲み放題のパラダイスとばかりに、パリに

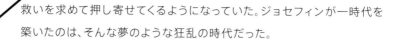

救いを求めて押し寄せてくるようになっていた。ジョセフィンが一時代を築いたのは、そんな夢のような狂乱の時代だった。

夢ははかなく終わり、本物のジョセフィンに目覚める日々

　1929年、アメリカ・ウォールストリートの「暗黒の木曜日」によって世界恐慌が引き起こされる。パリにいたアメリカ人たちも、蜘蛛の子を散らすように一斉に本国に帰ってしまった。ジョセフィンも祖国アメリカに一時的に戻るが、フランスで最も成功した黒人混血として再び差別を受けることになってしまう。ジョセフィンは、堪え難い人種差別と、一生涯闘うことを自分のミッションと腹を決め、祖国を捨てて1937年にフランス国籍を取得する。

　その後は、第二次世界大戦のレジスタンス運動に参加し、果敢にも第一線で活躍。飛行士の資格も取って、女性でありながらフランス空軍の中尉になり、フランスの兵隊たちの戦意を高揚させるためにフランス国内を奔走する。なんと勇敢な黒いヴィーナス！

　第二次世界大戦終結後は、「虹色の一族」と呼ばれる、人種の壁を超えた戦争孤児たちの「パラダイス」作りに人生のすべてを捧げることを決める。そのジョセフィンの社会福祉活動を中心とした生き方は、不思議と日本との繋がりを深めるきっかけにもなる。

　1954年に初来日したジョセフィンは、日本で開催した全24回(23カ所)のコンサートによる多額の収益金のほとんどを、社会事業家の澤田美喜が創立した「エリザベス・サンダース・ホーム」という戦争孤児の施設へ寄付した。さらに、日本人の孤児を養子にして、日本からフランスに連れて帰る。そして、フランスのペリゴール地方、ミランドの古城を買い取って、ジョセフィンの理想とする差別のない、虹色のような孤児たちの楽園を築こうとした。ジョセフィンの純粋な理想に心を打たれたモナコ王妃、グレース・ケリーは、経済的にも支援を惜しまず、最大の協力者として生涯サポートし続けた。

1973年には、ニューヨークの音楽の殿堂、カーネギー・ホールで凱旋公演を大成功させ、祖国にも見事に錦を飾った。そして2年後、ジョセフィンの芸能生活50周年公演の幕をパリのボビニ劇場で開いた直後に、脳溢血で帰らぬ人となってしまう。享年68歳だった。彼女を愛したグレース・ケリーの墓のあるモナコに、ジョセフィン

ジョセフィンが個人的にも親交があった澤田美喜へ贈った自筆メッセージ入りのカード

は眠っている。彼女の理想とした「虹色の一族」については賛否両論あるのも確かだが、自らの不幸な体験を通して、人種差別のない、理想的な世界を作り上げたいという純粋な願いを、彼女なりに形にしたものだと思う。

　女性としては、人生で6度の結婚と離婚を繰り返し、恋多きというか、かなり飽きっぽい女性だったようだが、ジョセフィンが信じて実現しようとしたミッションに関しては最後まで諦めず、かなりしつこく闘い続けたといえる。黒いヴィーナスのパッションは、時代を超えて、人種を超えて、勇気を与えてくれるに違いない。

ジョセフィン・ベーカーのゆかりの地

フォリー・ベルジェール劇場（Folies Bergère）

彼女をスターダムに押し上げたパリのフォリー・ベルジェール劇場は歴史的にも一見の価値があるミュージック・ホール。マネやロートレックの絵のテーマに何度もなっている。数年前にジョセフィンの伝記を基にミュージカルも上演された。

- 32 rue Richer 75009 Paris
- https://www.foliesbergere.com

ジョセフィン・ベーカーのゆかりの地

エリザベス・サンダース・ホーム／澤田美喜記念館

三菱財閥の創始者、岩崎弥太郎の孫娘、澤田美喜（16ページ参照）が、戦後に混血の戦争孤児のために創設した孤児院。現在も81名の孤児を育てる施設として神奈川県の大磯で活動を続けている。記念館では、澤田美喜が集めた隠れキリシタンに関する貴重な資料や遺品が展示されている。

- 神奈川県中郡大磯町大磯1152
- http://www.sawadamiki-kinenkan.com

もちろん日本女性だって！

第二次世界大戦後、戦争混血孤児の母になった女性

エリザベス・サンダース・ホームの創立者
澤田美喜

　澤田美喜が、ジョセフィン・ベーカーと初めて出会い、親交を深めたのは、駐仏フランス大使（代理）夫人として、パリ滞在中のことだった。2人は不思議に意気投合し、その揺るぎない友情関係は最後まで連綿と続いた。お互いに戦争孤児を引き取り育て上げるという、母親になる以上に困難な、地獄の如くの大事業に、人生を捧げる運命の女性になったのだ。

　澤田美喜は、三菱財閥総帥三代目岩崎久弥の長女として誕生した。澤田美喜が生まれる前に、すでに3人の男の子を授かっており、岩崎家の初めての女の子誕生だった。その当時の東京市本郷区（現在の東京都文京区）の大邸宅には、執事や料理人に庭師や家庭教師と、総勢50人くらいの使用人がいたというのだから、まさに戦前の上流社会を象徴するような豪奢な生活だったのだろう。さて、このご令嬢は女子高等師範学校付属幼稚園（お茶の水女子大学付属幼稚園の前身）に入学してから、同校の小学校、中学校とエスカレーター式に進級していく。特に女子英学塾（現・津田塾大学）を卒業していた母親からは、これからの日本女子には語学力がないと、国際的に活躍できないと厳しく諭され、美喜も5歳から、女子英学塾の塾長、津田梅子から英語を学ぶことになる。母親は、いつも繰り返して美喜にこのように語っていた。「日本人は、外国に行って社交界の中にはいっても、たいへん見劣りがするものです。外見も、服装も、そして身につける宝石にしても、なに一つかなわないのだよ。しかし、たった一つ、彼ら以上になれるものがあります。それは語学なのです。外国人はどこへ行っても英語が通じると思って、すこしもほかの国のことばを勉強しな

い。おまえはどこの国へ行っても、まず第一にことばを勉強しなさい。そして、すべての話題にはいることのできる、広い常識をもつことを心がけなさい(『黒い肌と白い心』沢田美喜)」。この母親の影響で、美喜は一生を通して、行く先々で、語学を修得していき、この語学力が、その後の彼女の人生を闘うための、重要な武器になっていくのである。

　12歳の時に、病気療養のために、神奈川県大磯にある別荘で過ごした美喜は、看病をしてくれた看護婦が毎晩寝る前に読み上げる「聖書」の言葉に、今までにない新鮮な驚きを感じた。特に聖書の中の「汝の敵を愛せよ」の言葉に、心の目が開かされてしまったという。ところが聖書が仏教徒の家族にみつかって、何度か焼かれてしまう。それでも美喜は、学校の友人から聖書を手に入れて精読し、結局その学校を、退学させられてしまった。美喜は、それから家庭教師による教育を受けることになる。年頃になり、縁談の話は色々あっても、名家を振りかざした男性をことごとく嫌い、なかなか話がまとまらない。そこへ、颯爽と現れた男性は、フランス帰りの外交官だった。フランス大使館の書記官をしていたこの男性は、鳥取県岩美郡岩美町浦富で旧家・澤田家の次男、澤田廉三だった。子どもの頃からおぼろげながらに海外で生活がしたいと願っていた美喜にとっては、渡りに船。さらに、この男性の母親はクリスチャンで、堂々と聖書も読めるとしたら、もう結婚しかない。そんなわけで、美喜はもう少しで21歳、廉三は33歳、その当時としては、遅い結婚だったが、晴れて夫婦になった。結婚後は、アルゼンチン公使館の書記官、北京への転任、イギリス参事官などの、外交官の第一戦で働く夫を支える妻として、語学力を磨きながら内助の功を発揮する。

　そして、1933年にフランス行きが決まり、パリでの生活が始まるのである。美喜はパリで、マリー・ローランサンという女流画家に弟子入りして、油絵を学んだそうだ。そんな頃、美喜はジョセフィンと出会うのである。美喜が書いたジョセフィンの感想は、賞賛に溢れている。「彼女ぐらい威張らない、一流の女優はありません。(中略)ひと興行すむと、ジョセフィーンは必ずオープン自動車に、山のようにお菓子のはいったかごを積みあげ、貧民窟の子供たちをたずねるのでした。私は幾度かいっしょに行くことがありました。彼女はまるで救世主のように、貧しい人々から慕われていました(『黒い肌と白い心』)」。それだけでなく、美喜はジョセフィンを通じて、フランスの有名な芸術家を知る事ができたそうだ。2年半のフランスでの夢のような日々もあっと

いう間に終わり、次はニューヨークの総領事に夫が転任する。そして、引っ越した美喜のところに、ジョセフィンから嬉しい便りが届く。ジョセフィンがニューヨークのエイジェントと契約して、劇場公演が決まったというのだ。美喜は心躍らせて、ジョセフィンを出迎え、ジョセフィンが滞在するホテルを一緒に探すことになる。しかし、ジョセフィンが黒人であるということで、すべてのホテルから拒否される。美喜は、考え抜いたあげく、美喜が油絵を描くために、アトリエとして借りていたアパートを、ジョセフィンに提供することにした。この時のジョセフィンの差別に対する怒りと悲しみと、それとは相反して、美喜の温かい真心に接した喜びは、生涯ジョセフィンにとって忘れえぬ思い出となる。結局、この公演は、様々な事情で実現しなかった。リハーサル中も、白人のダンサーたちが、一緒の舞台にたつのを拒み、ついにジョセフィンは、こう叫んだ。「『あなたたちのその白い皮膚の下には黒い心がある。そして、私の黒い皮膚の下にはまっ白い心がある。』そのときくらい、美しい、すばらしいジョセフィーンを、私はいままでに見たことはありませんでした(『黒い肌と白い心』)」

　そして、美喜は1936年に日本に帰国し、その4年後に、第二次世界大戦が始まる。美喜の三男一女の子どもの中で、三男が、1945年の終戦の年に戦死してしまう。しかし、その悲しみに溺れることができないくらいの惨状を、美喜は見てしまう。戦争混血孤児として風呂敷につつまれた黒人や青い眼の子どもの亡骸が、焼け野原となった東京の、道ばたや、川のなかに棄ててあるのだ。美喜はこの時、イギリス滞在中に訪ねて感動した、森の中の孤児院「ドクター・バーナードス・ホーム」の事を思い出していた。美喜はその時の感想をこう書いている。「日本では孤児院と聞くだけで心が暗くなるようですのに、ここはなんという明るさでしょう。希望の家です。喜びの園です。(中略)『もしやお許したまわば、必ず日本にこの明るい子供たちのホームを延長させよう』と(『黒い肌と白い心』)」。美喜はこの時に、「祝福を受けずに生まれた子たちの母になろう」と覚悟を決めたのである。1946年、美喜が45歳の時だった。美喜は、かつてキリスト教と出会った思い出の地、大磯の別荘を孤児院(現在は児童養護施設)にしようと考えた。しかし、別荘はすでに政府の手に渡っていて、美喜は所有していた金品などをすべて売りはらい、さらに借金をして、別荘を買い戻した。そして、最初に寄付をしてくれた、エリザベス・サンダース女史の名前を取って、1948年に社会福祉法人エリ

ザベス・サンダース・ホームとして創立。理事長兼園長に就任する。

　それからは、毎日のように、エリザベス・サンダース・ホームに預けられる混血孤児のために、ただひたすら闘った。資金集めには、アメリカで講演会を行いながら、東奔西走する死にものぐるいの日々が始まったのだ。

　そんな時、ニューヨークで別れたままになっていた、懐かしいジョセフィンから便りが届く。そこにはこう書かれていた。「あなたは以前、悲しい差別をうけていた私のために、いろいろと尽して下さいました。あれから、もう十八年たちます。こんどは私が、そのお返しをする立ち場になりました。私は日本に行って、あなたの子供たちのために歌います。一文の報酬も考えないで下さい。お金になることでしたら、何にでも私を使ってください。ただ一つ、私にはお願いがあります。私のために、一人の孤児を養子に下さい(『黒い肌と白い心』)」。そして約束通り来日したジョセフィンは、日本の23カ所で公演を行い、その収益をすべて美喜に差し出した。その資金で大磯の敷地内に、20人用の男子寮をつくり、そこはベーカーズ・ハウスと呼ばれた。そして、同じく敷地にある澤田美喜記念館には、美喜が生涯を通して集めた、隠れキリシタンの遺物もたくさん展示されている。これは、美喜がどんなに資金繰りに困っても最後まで売らなかった、美喜の心の支えの様な大切な品々だ。

　悩んだ時、辛い時は、この遺物の中の聖母マリア像の前にひざまずき、長い祈りを捧げる美喜がいた。生涯、戦争混血孤児の教育と養子縁組に、人生を捧げた美喜は、スペインのマヨルカ島で、78歳で客死する。ショパンとジョルジュ・サンドが滞在したことでも有名な(71ページ参照)、楽園のようなこの島で、美喜は、日本での孤児のための楽園を夢見ながら、戻らぬ人になってしまった。ジョセフィンが亡くなってから5年目のことだった。日本とフランスと国は離れていても、同じパッションをもった2人の勇敢な女性のレガシーは、これからも残っていくことを願ってやまない。戦後の豊かさの中で、見失ってしまいそうな彼女らのパッションは、あなたの闘う気持ちを高めるビタミンとなってくれるに違いない。

澤田美喜

Miki Sawada　(1901年9月19日〜1980年5月12日)
東京生まれ。社会福祉法人エリザベス・サンダース・ホームの創立者として2000人以上の戦争混血孤児の母になり、500組以上の養子縁組を成立させた。

VITAMINE ビタミン

DESTIN（デスタン／運命）

運命に翻弄されながらも、不滅であり続ける運命

par カミーユ・クローデル

私が素っ裸になって寝るのは、貴方がここにいることを信じたいがため。
でも朝になると状況は同じではないわ。私を決して裏切らないで。
<ロダンへの手紙から 1891〜1905 年>

```
Je couche toute nue pour faire croire que vous êtes là
mais quand je me réveille ce n'est pas la même chose….
Surtout ne me trompez plus. <Lettres à Monsieur Rodin 1891-1905>
```

貴女（カミーユの母親）は本当にひどい方ですね。
本当に申し訳ないけど、私はもはや創造的な人間ではなくなって、
ただここで生き続けるだけなのです。
<1927 年母親への手紙>

```
Tu es bien dure…. Je suis tellement désolée de continuer
à vivre ici que je ne suis plus une créature humaine.
              <lettre à sa mère 1927>
```

無実の者を精神病院の奥で朽ち果てさせる、
お前の神について話しましょう。
<弟ポール・クローデルへの手紙から 1932 年>

```
Parlons-en de ton Dieu qui laisse pourrir une innocente
au fond d'un asile. <Lettres à son frère Paul Claudel 1932>
```

カミーユ・クローデル

Camille Claudel （1864年12月8日〜1943年10月19日）

フランスを代表する女性彫刻家。オーギュスト・ロダンの弟子であり、長年の愛人でもあった。精神のバランスを崩して48歳で南仏の精神病院に入院後は創作活動を停止、78歳で没するまで沈黙を守る。弟は文学者で外交官のポール・クローデル。

天才的彫刻家、ロダンとの出会いは、
カミーユの人生の運命

　カミーユが多感な少女時代を家族と過ごした生家のある、エーヌ県のフェール・アン・タルドノワ（Fère-en-Tardenois / l'Aisne）はパリから約120キロの瀟洒で小さな村。以前ここを訪ねた時、カミーユの従兄弟にあたるマッサリ（Massary）氏から彼女の逸話を教えてもらったことがある。フランスが生んだ天才的彫刻家、オーギュスト・ロダン（Auguste Rodin 1840-1917）との出会いが、どれだけカミーユの人生を変えてしまったか、そしてそれが彼女の家族にとっても、どれだけのダメージであったかなど、様々な貴重なエピソードを熱心に話してくれた。マッサリ氏は残念ながら数年前に亡くなってしまった。カミーユの生家の前で一緒に写真を撮らせてもらったのが最後になった。彼から聞いた秘話も、ご紹介させていただきながら、過酷な運命に迫っていこう。

　劇作家、詩人として20世紀を代表する文学者のひとりであり、後に外交官として駐日フランス大使（1921〜1927年）も務めたポール・クローデル（Paul Claudel 1868-1955）はカミーユの4歳年下の弟である。カミーユとポールを世に出した、クローデル一族は、当時フランスの典型的で保守的な、ブルジョワ一家だった。特に母親は、カミーユのアーティスティックな資質と才能を真っ向から否定し、邪魔者扱いにするほどで、物心ついた時から母娘の確執は壮絶だったそうだ。母親の意に反してカミーユは彫刻の美に魅せられ、本物の彫刻家になるためにパリに出て、真剣に学ぶことを願うようになる。彼女の父親はカミーユの才能を信じ、陰ながら経済的にもサポートしていた。そのカミーユがパリで、後に運命の師となる彫刻の巨匠、ロダンに作品を見てもらえるチャンスが、予想外に早く舞い込んできた。カミーユ19歳の時だった。このロダンとの出会いで、彼女の才能は一気に艶やかに開花していく。

　ロダンは彼女の飛び抜けた才能をいち早く察知して、男性中心の制

カミーユ・クローデル

作現場であるアトリエにも自由に出入りできるようにしてくれた。当時の保守的な時代背景を考えれば、かなりめずらしい機会だったともいえるだろう。若くて美しいカミーユは有頂天になりながら、師匠、ロダンの愛情と信頼を一身に受けて女性としても鮮やかに成長していく。弟子でありながら、ロダンに彫刻のインスピレーションを与えてしまうほどで、まるで「ミューズ」のような存在になったと言っても過言ではない。しかし、現実には、男女の愛憎ドラマに巻き込まれ、どうにもならない辛い状況へと追い込まれていく。少なくとも女性であるカミーユは、心身ともにロダンとは比べものにならないほど傷つくことになる。

才能の開花とは裏腹に女性としての苦悩の日々

ロダンと出会った時、カミーユは19歳。ロダンは42歳の男盛りで、内縁の妻、ローズがいた。カミーユはそれから約15年間、泥沼の三角関係を経験する。優柔不断なロダンは、2人の女性の間を行ったり来たりするのだった。カミーユは20代後半でロダンとの子どもを妊娠するが、勝手に中絶してしまう。やがて2人の関係は修復できないほどの決定的な終わりを迎え、ロダンはローズの元に戻ってしまう。世間体の悪い生活をしている娘を認めたくない母親からも、ますます冷たく見放されたカミーユは、ただひたすら取りつかれたように彫刻制作に打ち込んでいく。天才女流彫刻家として、この時期に作品を次々と生み出していった。

弟のポール・クローデルだけは、どんなことがあっても、姉、カミーユを心から尊敬し、愛し続けていた。そして彼女の精神的な支えであり、良き理解者であった。しかし、彫刻制作に使う、冷たい泥や硬い石に囲まれた生活の中で、カミーユは孤独を極め、徐々に精神のバランスを崩していく。自分の作品のアイデアをロダンが盗みに来るという執拗な妄想にも悩まされ、自らの手で多くの作品を破壊してしまうほど、日に日に常軌を逸し

ていくのだった。そして、クローデル一族は、カミーユを一家の恥とみなして精神病院に入れることを決める。カミーユはまだ48歳だった。運悪く同じ年に、彼女の陰の味方であった父親も他界してしまう。

あるフランス人の友人は、「フランスのブルジョワ階級の、心が凍るような判断に、怒りを超えた絶望を感じる」と嘆くのだが、一方で「とはいっても、やっぱり一番良くないのは、せこい男のロダンなんじゃない？」と、これまた手厳しいのがフレンチスタイル。しかし、ロダンの遺言が発見されてからは、その見解は間違っていたと言わざるを得ないかもしれない。その遺言については後ほどお話しする。

カミーユはそれ以来、一切外界とのコンタクトを断ち切られたばかりか、制作することもできなくなり、彫刻家としての稀有な才能に石ほどに重い蓋をされてしまう。唯一の理解者のポールも、外交官としての任務で海外にいることが多いため、頻繁には姉を見舞うことができない。彼女は、毎日提供される精神病院の食事の中にもロダンが毒を入れたのではないかと疑って、なかなか手をつけなかったそうだ。例えば、茹でたジャガイモは皮を綺麗にむいて、毒が注入されていないことを確かめないと食べなかったとか。そんな生活が約30年も続き、孤独の中で1943年10月19日に、78歳でこの世を去る。家族に看取られることもなく、石のように沈黙したままの最期だった。生まれ故郷に帰りたいとの願いは、ついに叶うことはなかった。

カミーユの残した作品は、
ロダン美術館の中で奇跡的に復活

運命の師、ロダンとの出会いや別れを経て、悲劇の女性彫刻家は天に召された。そのままカミーユの名前も忘れられて当然だったが、天は彼女の才能を見放さなかった。弟であるポール・クローデルの積極的な展示

カミーユ・クローデル

会開催等の働きかけと、ロダンの、「ロダン美術館の一部をカミーユの展示のために捧げる」という遺言により、破壊から免れた90点にも及ぶ彼女の彫刻作品を、スケッチや絵画とともにパリのロダン美術館が引き取った。そして、ロダンが晩年過ごしたビロン邸という邸宅を、ロダン美術館に改装した際に、カミーユの作品は、ロダンの作品と一緒に展示された。師匠の作品に負けず劣らず注目を浴び、女性彫刻家としての評価を、今もゆるぎないものにしている。ロダンはこの美術館の完成を見ずに1917年に亡くなっている。ロダンの最後の言葉は「パリに残してきた、若い方の愛しい妻に会いたい」だったそうだ。

パリのロダン美術館に展示されているカミーユのシャクンタラー

カミーユがロダンにパッションとインスピレーションを与え続けたミューズであったことは紛れもない事実であったと、2人の作品を見比べればお分かりになるだろう。このロダン美術館の中では、泥沼の男女の愛憎劇はなく、沈黙する石で固められた静なる物語として、カミーユの純粋なるメッセージだけが作品に残っていると私は信じたい。特に「シャクンタラー(Sakuntala)」という作品は、ある娘が愛に不実な王子を最後に許すという、インド古代の寓話の悲劇を元にした作品だが、テーマは「永遠の許し」だ。この作品を見ると、ロダンとの別離も、愛の苦悩も、壮絶な孤独も、自分の運命として受け止め、許し、最後は見事に昇華していたのではないかと思えてくる。否、そう信じたい。

弟、ポールの活動や作品を今に伝える「ポール・クローデル協会」の会長であり、日仏での活動を陰に日なたにサポートしてくれているマルタン会長は、カミーユに関しても特別な想いがあるようだ。「カミーユのことを考えると、今もフランス人として絶望的に悲しくなる」と語る。私は日本人として、死んだら西方浄土に行けると信じたい。確かに凄まじく悲しい人

生であったかもしれないカミーユも、その運命のすべてを許して、心穏やかに天界から我々を眺めていてほしいと願ってしまう。彼女の人生は、これだけの素晴らしい作品を我々に残すために受けた、ある種の試練だったのかもしれないから。

　どんな試練があなたの人生の価値を磨き出してくれるか、死ぬまでわからないし、死んでもわからない。失意の中で輝くこともあれば、カミーユのように命尽きてから、思いもかけず、運命の花が咲き誇ることもある。人知を超えた摩訶不思議なことだらけの、この世なのだから。

カミーユ・クローデルのゆかりの地　ロダン美術館 (Musée Rodin)

パリ7区のセーヌ左岸のアンヴァリッドが隣接する閑静な高級住宅地の一角にある。メトロ13番線のVarenne駅から徒歩5分くらい。ロダンが1908年から1917年に他界するまでの約10年間を過ごした自宅兼アトリエ。1919年に完成したロダン美術館を、残念ながらロダンは見ることができなかった。

- 77 rue de Varenne 75007 Paris
- http://www.musee-rodin.fr

カミーユ・クローデルのゆかりの地　カミーユが少女期に頻繁に通った、巨石の森 (La Hottée du Diable)

海面が隆起して、自然の力でできた不思議な形の巨石群が、彼女の生家の隣町の、ヴィルヌーヴ・シュル・フェール(Villeneuve-sur-Frère)から車で20分くらいのところにある。車で行くしか手段は無く、気をつけていないと見逃してしまう程、標識も小さい。シャンパンで有名なランス(Reims)からA1の高速道路でパリ方向に58キロでシャトー・ティエリー(Château-Thierry)の手前。

カミーユ・クローデルに関する映画

映画でカミーユの生涯を2人のフランスを代表する女優が競い演じている。ひとつは1988年にイザベル・アジャーニがカミーユを演じた「カミーユ・クローデル(原題はCamille Claudel)」。もうひとつは、2013年に「カミーユ・クローデル　ある天才彫刻家の悲劇(原題はCamille Claudel,1915)」という題名で、ジュリエット・ビノシュが、晩年の精神病院でのカミーユの苦悩の日々を演じた。

墓場のロダンからも言わせて

　この章を読んで、何て酷いロダンだ！　女性の敵だ！　なんて思っている日本の読者の皆さんよ、ボンジュール。僕はムドンのロダン美術館（29ページの＊参照）の庭に展示してある、かの有名な「考える人」の彫刻の下で、今は静かに眠っている。ちょっとだけ言わせて欲しくて、目を覚ました。僕のメッセージを、この本の、著者に送ってみたら、届いたようだね。便利な世の中になったものだ。

　ところで男と女のドラマは、本人同士にしかわからないことだらけで、それを推測して、こうだろう、ああだろうと好き勝手に無責任なことを言ってくれるなよ。本人同士だって、「運命」なんて言葉で、簡単に片づけられないほど、傷つけ合い、ののしり合い、憎み合い、それでも引き合いながら、別れられず、愛し合い、そして、結局別れざるを得なかった。そんな男と女の壮絶なドラマだった。ましてや、僕たちみたいに芸術家同士で、男も女も超えたところで創造する、人間同士の闘いたるや壮絶そのもの！　無条件に、打算なんて一切ない、裸の魂と魂のぶつかり合いだけだった。今の世の中、自分の打算と計算で、そろばんはじいて付き合うかどうか、決めるような奴らが多いようだけど僕たちにはそれがまったくなかった。それは僕の生涯の誇りだ。いや、正直言うと僕には、男としての社会的な地位や、プライドを保つための打算とか、計算はもちろんあったかもしれない。しかし、カミーユには、それがまったくなかった。凄まじいほどの創造的なパッションを、そのまま僕にぶつけてくるんだ。僕はカミーユの、そのピュアな炎のようなエネルギーを、僕自身のエネルギーとして、カミーユと結合しながら、壮大なテーマに突き進むことができたと思う。

ここで、僕がカミーユに送った恋文をひとつだけ紹介する。

「君の手に口づけするよ、愛しい人。こんなに気高く、こんなに強烈な喜びをくれる君。君がそばにいると、僕の心に力がみなぎる。でもそれがどんなに愛に狂っても、君への敬意はいつも最上級にある」
オーギュスト・ロダン

　今思い返すと、カミーユとの日々は、宇宙とか、人間の存在を超越した気宇壮大な和合であり、それは無意識のうちに、自己のエゴから離脱して、創造を超えたテーマとイメージを僕に与えてくれた。カミーユの炎のような存在が、僕の作品を極限まで清め、高めてくれたんだ。それはまぎれもない事実だ。かといって、年がら年中、炎と一緒に生きることは、男としてできなかった。僕には炎の洗礼のようなカミーユとの制作時間のあとに、安らぎの時間が必要だった。ボロボロに大やけどした魂を、癒す時間が必要だった。内妻のローズは、まさにそのためにいてくれた。カミーユとの時間があまりにも強烈だったので、僕はローズという避難場所に逃げこんだのだ。

ロダンが晩年を過ごしたムドンにあるロダン美術館の「考える人」。この下がロダンの墓

Pause

　卑怯だと言われてもしかたない。でもこれも愛だ。嘘偽りのない別の愛の形だ。そういうしかない。カミーユは僕と別れてから、まったく天涯孤独な世界に、自分を追い込んでいってしまった。僕がカミーユのアイデアを盗みにくるとの脅迫観念が、彼女の心のバランスを、さらに崩すことになった。それでも、当時新スタイルの音楽を発表して話題になっていた作曲家のドビュッシーもカミーユに恋心を抱き、カミーユが作った「ワルツ（Valse）」という作品を最後まで大事にしてくれたようだ。ドビュッシーの片思いだったようだが。他にもカミーユを助けようとした男たちが、何人もいたはずだ。もちろん、優秀な弟、ポール・クローデルもね。しかし、ポールもカミーユの崩壊の過程に、絶望するしかなくなった。ポールが書いた手紙をここで紹介しよう。

　「彫刻家という職業は、男にとっては良識に対する不断の挑戦ともいうべきものだが、孤独な女、特に私の姉のような気質の女にとっては、これはもう、不可能以外の何ものでもない。彼女はロダンにすべてを賭け、彼と共に、すべてを失ってしまった。美しい帆船は、しばらく苦しい波に翻弄されたのち、船体、積荷もろとも、沈没してしまったのである」
ポール・クローデル

　僕の責任も大きいだろう。しかし、僕も血を吐くような苦しみを経験した。僕のそのままの気持ちを手紙にしたためて、カミーユに最後に送った。それはこれだ。

「どんなに私は苦しんだことか。どんなに大きな過ちを私は犯したことか。でもあなたを見ていると、あれは私には逃げられない運命だったと感じます」
オーギュスト・ロダン

　運命という言葉で片付けて欲しくないと言いながら、やはり、最終的に運命という言葉しか思い浮かばない。どんなに考えても、説明ができない。
　そう思いを馳せているうちに、また、永遠の眠りが僕を誘っているようだ。そろそろ余計なおしゃべりはやめて、「考える人」の彫刻の下で、深い眠りにつくとしよう。
　日本の読者の皆さんよ。どうか、パリに来たら、ロダン美術館の中に展示されている、カミーユの作品を見にきてほしい。狂おしいほどに、愛し合った、愛しいカミーユの彫刻は、永遠に僕と一緒にいる。僕の遺骸が眠っているパリから2キロのムドンにも足を運んでくれたらもっと嬉しい。
A bientôt（またね）！

＊ムドンのロダン美術館（Musée Rodin Meudon）
　villa des Brillants 19 avenue Auguste Rodin 92190 Meudon
　http://www.musee-rodin.fr

ビタミン
VITAMINE

FORTUNE〔フォーチュン／幸運〕

あり得ない幸運と悲運、
常に運とともに皇后であり続けた女

par ジョゼフィーヌ・ド・ボアルネ

私の主人は、私を好きなのではなく、私を熱狂的に愛している。
彼は気がふれてしまうのではないかと私は思うの。

Mon mari ne m'aime pas, il m'adore ;
je crois qu'il deviendra fou.

私の結婚が解消されたとしても、
私の心の中の想いは、何も変わりません。

La dissolution de mon mariage ne changera rien
aux sentiments de mon cœur.

〔ナポレオンとの離婚の後に〕
私は進まなければならない方向に心を描き、
そこからそれることはないだろう。
それは心の安らぎだけを要求することなく、威厳を常に持って、
すべてのことから離れて隠居することだ。

〔Après le divorce〕
Je me suis tracé la ligne que je dois suivre
et je ne m'en écarterai pas.
C'est de vivre éloignée de tout dans la retraite,
mais avec dignité et sans rien demander que repos.

幸運の星の下に誕生したジョゼフィーヌ
その人生は予言されていた？

　「カリブ海に浮かぶ最も美しい島」と、この島を発見したコロンブスに言わしめたマルティニーク島（Martinique）でジョゼフィーヌは生まれた。少女時代の名前はマリー・ジョゼフ・ローズ・タシェ・ド・ラ・パジュリ（Marie Josèphe Rose Tascher de la Pagerie）。両親はプランテーションを営む田舎貴族だった。彼女はエキゾチックな大自然の中、熱帯の花々とともに美しく成長していく。酒癖と女癖の悪い父の存在は憂鬱だったが、同い年の従姉妹、エイメ・デュ・ビュク・ド・リヴェリ（Aimée du Buc de Rivéry）と一緒に島の祭りを楽しんだり、使用人たちの奏でる音楽を聞いたりしながら、多感な少女時代を過ごした。

　ある日2人は将来を占ってもらうために、島で評判の占い師が住む路地裏の不気味な家を訪ねた。まずエイメから将来を見てもらうことに。占い師の老婆は珈琲を使った占いを行い、彼女の未来についてこう話し出した。「あなたは最初、男の餌食になり、多くの涙を流すが、その後に皇后になるチャンスが訪れるだろう」。エイメの目はおのずから輝いた。その後にジョゼフィーヌがおずおずと占い師の前に進み出る。すると「あなたも最初の結婚はうまくいかず、愛されぬまま離縁するが、その後、教皇の地位をも超えた皇后の存在になる可能性がある」と老婆は語った。2人は目を合わせ、不思議な気持ちで言葉少なに帰路に就いた。

　それから数年後、ジョゼフィーヌが16歳になった時に、叔母の紹介でパ

ジョゼフィーヌ・ド・ボアルネ

Joséphine de Beauharnais （1763年6月23日〜1814年5月29日）
ナポレオン・ボナパルトの最初の妻。フランス領西インド諸島のマルティニーク島生まれ。1796年にナポレオンと結婚。1804年、ナポレオンの即位と同時に「フランス人の皇后」の称号を得るが後に離婚。パリ郊外の別荘リュエイユ・マルメゾンで逝去。

ジョゼフィーヌ・ド・ボアルネ

F

リの子爵との縁談が持ち上がる。ジョゼフィーヌはこの小さな島から出て、貴族の男性とのパリでの生活が始まることにひたすら興奮し、占い師の言葉などすっかり忘れてしまった。そして1779年、晴れてジョゼフィーヌはアレクサンドル・ド・ボアルネ子爵(Alexandre de Beauharnais 1760-1794)と結婚する。第一子は男の子でウジェーヌ(Eugène 1781-1824)、第二子は女の子でオルタンス(Hortense 1783-1837)と名付けた可愛い子どもたちを立て続けに授かるが、夫の妻に対する愛情は冷めていく。なぜなら、フランス本土から遠く離れたマルティニーク島の生活しか知らない少女が突然、華やかなパリの社交界に放り込まれたのだ。洗練された会話も、センスを磨くための教養も、上流の作法も何も知らない。ジョゼフィーヌはまるで裸同然で恥をかくためだけに夫の側にいるような存在だった。文化的なサロンをパリで催すのが夢だった夫はジョゼフィーヌを軽蔑したまま、4年で離縁することになる。

ちょうどこの頃、革命がフランスを残酷に突き動かしていた。当時のフランスの法律では、一度貴族と結婚すると離婚してもその身分は残る。ジョゼフィーヌは革命軍の標的となり、離婚したアレクサンドルとほぼ同時に投獄されてしまう。それから2カ月は優に経っていただろうか。今もパリに残る、フランス革命の血の歴史を物語るカルム教会の窓のない部屋で、死を覚悟していたジョゼフィーヌのもとに、アレクサンドルがギロチンで死刑になったとの知らせが入る。その衝撃から彼女は意識を喪失。それでも子どもたちの存在に励まされ、息をしているのもやっとのような過酷な日々を5日間耐え抜く。いよいよ死刑執行が目前となり、すべてを諦めかけたところに朗報が。「テルミドール(Thermidor)」と呼ばれるクーデターが起こり、恐怖政治を行っていた革命の指導者、ロベスピエール(Maximilien de Robespierre 1758-1794)が処刑されたのだ。革命の流れは大きく変わり、ジョゼフィーヌはまさに奇跡的に釈放される。この幸運の中で彼女は、少女時代にエイメと一緒に訪ねた占い師の言葉をふと思い出す。「最初の結婚は愛のないまま終わるが、その後、

教皇の地位をも超えた皇后の存在になる」という予言を。

幸運の女神はナポレオンと出会い、さらなる幸運を生み出す

　寡婦(かふ)となったジョゼフィーヌは、いったん実家のあるマルティニーク島に戻りはしたが、もはや楽園の島は暴動の島と化していた。仕方なくパリに舞い戻り、寡婦たちが身を寄せていたパンテモン修道院に入る。ところがここには恋愛術に長けた「ツワモノの元淑女たち」がうごめいていた。彼女たちの勧めもあってジョゼフィーヌは、軍人の集まる社交界の場に美しく着飾って登場するようになる。そこで軍人たちの花形となり、「陽気な未亡人」というあだ名で呼ばれるジョゼフィーヌ。そんな彼女は2人の子どもを育てていくために、テルミドールのクーデターの首謀者のひとりで、総裁政府の初総裁のひとりになったポール・バラス（Paul Barras 1755-1829）の愛人になる。

　その頃、バラス総裁の信頼を得て、王党派の蜂起ヴァンデミエールの反乱（Insurrection royaliste du 13 Vendémiaire an IV）を見事に鎮圧し、名前が知られ始めていたコルシカ島出身の若武者がいた。この男性こそ、ナポレオン・ボナパルト（Napoléon Bonaparte 1769-1821）だ。彼を最初に訪ねたのは、ジョゼフィーヌの息子ウジェーヌだった。ウジェーヌは、父親アレクサンドルが持っていたサーベルを遺品として返してほしいとナポレオンに願い出る。この願いを受け入れてくれたことで、母、ジョゼフィーヌはお礼のためにナポレオンに謁見する。ナポレオンは26歳、ジョゼフィーヌは32歳の女盛りだった。すぐに彼女の虜となったナポレオンは猛烈な求婚攻撃を仕掛け、ジョゼフィーヌはあえなく陥落(かんらく)。1796年に2人は結婚する。一説ではバラス総裁がジョゼフィーヌに飽きて、優秀な部下のナポレオンに譲ったとの話もあるが、真相は

わからない。

　結婚式を終えて2日も経たないうちに、ナポレオンはイタリアへ遠征する。恋に狂ったナポレオンは、毎日ジョゼフィーヌに愛の手紙をしたためる。戦禍の中、命懸けで1日に2通も3通も書いていたという手紙は、今も国立古文書博物館にすべて所蔵されている。その数はなんと270通というから凄まじい。ところがジョゼフィーヌは、「なんでこんなに手紙を送ってくるのかしら。変な人」と、ほとんどの手紙を読みもせず、友人たちとの笑い話の種にしていたという。イタリアに来てほしい、とのナポレオンの誘いも無視し続けたが、さすがに総裁、バラスの命令には背けず、しぶしぶイタリアに行くことにしたジョゼフィーヌだった。

　とはいえ彼女は、美男で長身の年下の騎兵大尉、イポリット・シャルルと恋に落ちていたところだったので気はそぞろ。イタリアから帰国後、ナポレオンのエジプト遠征中には、シャルルを家に招いて危険なラヴアフェアー。しかし、このことがナポレオンの耳に入ってしまう。ナポレオンは怒り狂い、その嘆きを手紙にしたためてフランスに送ったのだが、その手紙を載せたフランス艦があろうことかイギリス軍に拿捕されてしまい、手紙の内容が新聞に大々的に掲載されてしまうのである。「妻もコントロールできない哀れな、寝取られ軍人」と揶揄され、ナポレオンのプライドはズタズタに。さすがの彼も離婚を決意して、ジョゼフィーヌの留守中に、彼女の家財道具一式を外にたたき出してしまう。驚いたジョゼフィーヌは子どもたちと一緒に涙ながらに必死に許しを請い、ナポレオンは離婚だけはなんとか思い止まったのだった。

ナポレオンが浮気三昧の英雄に、
ジョゼフィーヌは貞淑な妻に？

　女心とは不思議なもので、この離婚危機事件を境に、ジョゼフィーヌは

ナポレオンを見直し、ひとりの男性として心から愛していくことになる。しかし、ナポレオンの方はというと、この事件を境に、次々に愛人を作り、子どもを産ませ、浮名を流し、まさに「英雄、色を好む」を体現した本物の英雄への階段を駆け登っていく。ナポレオンは、統領政府の第一統領となり、政権の座で権力を広げ、卓越した戦略のみならず、内政面でも今までにない多岐にわたる改革を行っていった。フランス革命のダメージで壊滅的になっていた産業や工業の復興に力を注ぎ、税制を整備し、フランス銀行を設立して通貨を作り、現在でもフランスが誇るレジオン・ドヌール勲章を創設した。1804年には「ナポレオン法典」と呼ばれ、世界的にも有名な「フランス民法典」を公布し、この中で大学教育の大胆な改革や交通網の画期的な整備も行った。

　そしてついに、1804年5月の国会決議と国民投票において、世襲制で子孫にその地位を継がせることができる「皇帝」の称号をナポレオンに与えることが可決される。同年12月2日、パリのノートルダム大聖堂において戴冠式が盛大に執り行われる。ナポレオンは、「フランス人民の皇帝」に、そしてジョゼフィーヌは「フランス人民の皇后」になり、人々はフランス第一帝政が始まる歴史的瞬間の大絵巻を目の当たりにする。そのひとりが、ナポレオンのお抱え画家だったジャック・ルイ・ダヴィッド（Jacques-Louis David 1748-1825）。彼が1808年に制作した戴冠式の様子を描いた油絵「Le Sacre de Napoléon」は幅9メートル高さ6メートルの巨大なものである。これは今でもパリのルーヴル美術館に展示されていて、その迫力に思わず息を呑む大傑作だ。この戴冠式には、わざわざローマから教皇ピウス7世（Pie VII 1742-1823）を招待していたが、ナポレオンは、教皇から王冠を頭の上に載せてもらう儀礼に背いて、教皇から王冠を取り、驚く教皇の眼の前で自ら王冠をかぶってしまったのである。これはまさに、教皇よりもナポレオンの皇帝の地位の方が上であることを一瞬にして象徴した、革命的な行動であった。しかしダヴィッドはそれをそのまま描かずに、絵の中ではナポレオン

がその王冠を皇后、ジョゼフィーヌの上に高々と掲げていることにした。奥では、この式に参加していないナポレオンの母親もこの歴史的瞬間をじっと見守っていることになっている。まさにナポレオンとジョゼフィーヌの人生の中で、幸運の絶頂を迎えた瞬間であった。

幸運の絶頂はとてもはかなく、苦難の日々がジョゼフィーヌを待ち受ける

　小さな島育ちの、下級貴族と貧窮した田舎貴族の2人が、フランスの皇帝と皇后になってしまった。このこと自体、幸運と言わずして何と言おうか。これ以上のサクセスストーリーは他にないのではないか。まさにジョゼフィーヌは、予言通りに教皇の地位をも超えた皇后の存在となってしまった。シンデレラもびっくりの、19世紀のおとぎ話だ。

　とまれ、一緒に占ってもらった従姉妹のエイメはその後どうなったのか？　エイメの方も占い通りの人生を送っていた。船旅の最中にトルコ人に誘拐されて悲劇のヒロインになったかと思いきや、オスマン帝国の王族に見初められて、オスマントルコ帝国の皇后に。そしてマフメト2世の母として、トルコの政治を操る重要な存在になっていたと、まことしやかに語られてはいるそうな。

　話をジョゼフィーヌに戻そう。幸運の神様は、皇后になったことを見届けたかのように、これを境にジョゼフィーヌに苦難をもたらす。まず1810年に、ジョゼフィーヌとの間に世継ぎが生まれないことを理由に、ナポレオンから離婚を要求される。離婚式ではショックのあまり、娘のオルタンスの支えがないと歩けない程のやつれ方だった。

　この離婚式の直後、ナポレオンは本物の王族との血縁関係を結ぶために、まだ18歳になったばかりのオーストリア皇女マリ・ルイーズ（Marie Louise　1791-1847）と再婚する。1811年にめでたく王子ナ

ポレオン2世が誕生し、ナポレオンは、この子息をローマ王につかせる。一方ジョゼフィーヌは、ナポレオンと長年暮らし、思い出が詰まっているリュエイユ・マルメゾンの居城に隠居して、ナポレオンから支払われる莫大な年金を頼りに、侘しさと寂しさに耐えながら孤独とともに生きていく。せめてもの救いは、皇后であるという称号と、この愛するマルメゾンの城を彼女のためにナポレオンが残してくれたことだった。

美しい薔薇とともに生きたジョゼフィーヌの最期と変わらぬ愛

　彼女は、離婚はしても皇后であり続けるという不思議な立場を心の支えに、物言わぬ美しい薔薇に情熱を注ぐようになる。彼女は、このマルメゾンの726ヘクタールの庭の中で、人工交配の研究者とともに、250種類以上の交配による品種改良をして、2500種類以上の新種の薔薇を世界に発表する。これらは現在の薔薇の品種の基礎になっている。ジョゼフィーヌのこの薔薇への情熱がなかったら、現在の多種多様な薔薇は存在していない。さらに、ジョゼフィーヌが品種改良した薔薇の絵を、ボタニカルアートの天才画家、ピエール・ジョゼフ・ルドゥーテ (Pierre-Joseph Redouté 1759-1840) が『バラ図譜』の中で精密に描いている。なんと169種類のジョゼフィーヌの薔薇が、美術作品として今も美しく咲き誇

マルメゾンの中のメインサロンに飾られたジョゼフィーヌの肖像画

り、我々を魅了してくれる。この庭には薔薇だけでなく、マルティニーク島の少女時代を再現するかのような南国の植物が植えられ、シマウマやダチョウ、カンガルー、リャマといったエキゾチックな動物たちもたくさん飼われていた。パリから西へ13キロのマルメゾンは、当時ちょっとしたフランスを代表する話題の植物園および動物園にもなっていた。ナポレオンも、後妻のマリ・ルイーズが嫉妬するほど度々ここを訪れて油を売っていたらしい。このマルメゾンを維持するための予算は、国家予算のかなりの割合を占めていたというのだから、油くらい売りたくもなるだろう。

ナポレオンは、ジョゼフィーヌという最大の幸運の女神を失ってから不運続きで、敗北の歴史の階段を真っ逆さまに転がり落ちていく。1815年のワーテルローの戦いに敗北してから、二度目の流刑地セントヘレナ島に追放されるまでの間に、ナポレオンはひとりでマルメゾンを訪れている。しかし、この時すでにジョゼフィーヌは他界した後だった。ナポレオンが失脚し、最初の流刑地エルバ島に追放された翌月の1814年5月29日に、肺炎をこじらせたことが原因で51歳を目前にして生涯を閉じていた。彼女はナポレオンと暮らした部屋をそのままにして、ナポレオンの肖像画を飾り、ナポレオンとの思い出だけを大切にしていた。若い頃は「陽気で浮気なジョゼフィーヌ」と呼ばれた彼女だったが、晩年は彼ひとりを一途に愛し続け、彼の名前を呼びながら息絶えたそうだ。

ジョゼフィーヌの娘、オルタンスは、ナポレオンの弟ルイと結婚

サン・ピエール・サン・ポール教会にあるジョゼフィーヌの墓。彼女の祈る姿はジャック・ルイ・ダヴィッドの描いた戴冠式の彼女の姿を模していると言われている

してオランダ王妃となる。そしてのちに皇帝ナポレオン3世となるルイ・ナポレオン（Louis Napoléon Bonaparte 1808-1873）を含め3人の男の子を授かる。息子ウジェーヌは、ナポレオンを生涯尊敬し、彼の養子となってイタリア副王にまで登り詰める。その後バイエルン王であるマクシミリアン1世の娘、アウグステ王女と結婚して、その長女は後にスウェーデン・ノルウェー連合王国の王オスカル1世の王妃となる。現在もこのジョゼフィーヌが生み出した王族の家系は、厳然と残っている。

　それにひきかえ、ナポレオンがジョゼフィーヌと離縁までして再婚した皇女マリ・ルイーズとの子ども、ナポレオン2世は21歳の若さで結核によってあっけなくこの世を去ってしまう。彼は独身だったので直系はこれで絶えた。最後は、ジョゼフィーヌの愛の力の勝利とでも言えようか。

　ナポレオンも、亡くなる10日前にジョゼフィーヌの若く美しい亡霊と出会っていた。その亡霊に向かって、今度こそ愛を貫いて二度と離れないことを誓ったという。そしてナポレオン最後の言葉は、「フランス、陸軍、陸軍総帥、ジョゼフィーヌ！」。1821年5月5日、ナポレオン51年の愛と栄光と戦いの人生が幕を閉じる。

　ナポレオンが自らイメージし、設計したものの、彼が凱旋することができなかった凱旋門は、今もパリのシンボルになっている。いったん工事が中断されていたが、1836年にルイ・フィリップ王（Louis-Philippe 1er 1773-1850）によって完成した凱旋門をナポレオンの遺骸が通ったのは、彼が亡くなってから19年経った1840年だった。

　天で結ばれたジョゼフィーヌもナポレオンと同じ気持ちで、この凱旋の瞬間に100万回のキスを送ったに違いない。幸運に愛され、悲運とともに生きた2人のサクセスストーリーは、ジョゼフィーヌの薔薇の香りの中で、これからも永遠に語られ、パリを艶やかに彩ってくれることだろう。幸運の女神、ジョゼフィーヌの残した美しいイメージと共に。

ジョゼフィーヌ・ド・ボアルネ

F

マルメゾン城 (Château de Malmaison)

ジョゼフィーヌ・ド・ボアルネの ゆかりの地

パリから車で20分ほどのリュエイユ・マルメゾンにある城。今でも6月中旬には1週間だけしか咲かない、貴重なジョゼフィーヌの薔薇を見ることができる。それ以外にも展示されている彼女の生活の調度品は必見。

- Avenue du Château de la Malmaison 92500 Rueil-Malmaison
- http://musees-nationaux-malmaison.fr/chateau-malmaison

アンヴァリッドのドーム教会 ナポレオンの墓 (Église du Dôme / Hôtel national des Invalides)

ジョゼフィーヌ・ド・ボアルネの ゆかりの地

ジョゼフィーヌ の遺骸はないけれど、これだけ威風堂々とした墓は世界的にも珍しい。ぜひナポレオンの偉業を感じるためにも訪れてほしい。軍事博物館も同じ敷地内だが、墓はドーム教会(Eglise du Dôme)の中にあり、入り口は別々で、先ずチケットを軍事博物館で購入しないといけない。

- 129 rue de Grenelle 75007 Paris Hôtel national des Invalides
- http://www.musee-armee.fr/jp/home.html
(こちらは、入場チケットを購入する軍事博物館のホームページの日本語版)

サン・ピエール・サン・ポール 教会
(Église Saint-Pierre Saint-Paul)

ジョゼフィーヌ・ド・ボアルネの **ゆかりの地**

マルメゾンから車で10分くらいの小さな街の中に、ジョゼフィーヌが彼女の娘、オルタンスとともに永眠する教会がある。娘のオルタンスと向かい合うように一緒にこの教会の中で眠っている。内陣右側には白い大理石のジョゼフィーヌの墓、左側には、1837年に逝去したオルタンスの墓がある。彼女はナポレオン3世の母である。

- Place de l'église 92500 Rueil-Malmaison

高級宝石店・ショーメ（CHAUMET）

ジョゼフィーヌ・ド・ボアルネの **ゆかりの地**

ジョゼフィーヌのお抱えの宝石店で、最初にティアラを考えたのがジョゼフィーヌだった。今も1年に1度、パリの有形文化財を特別公開する日だけ、2階の美術館に入り、その貴重なティアラの数々を見ることができる。その日以外でも、店内の一部は博物館になっていて、ショーメの歴史を学べる。ここの3階のヴァンドーム広場に面した部屋で、ショパンは天に召されるまでの3週間をすごした（72ページのジョルジュ・サンドの章を参照）。

- 12 place Vendôme 75001 Paris
- https://www.chaumet.com

名言と解説

DICO-CITATIONS

パリジェンヌのコトタマ集
其の1

本文の中で残念ながら取り上げられなかった、
その他の仏女性たちのパワフルなコトタマを、生まれた年代順にご紹介。
心に刺激と勇気を！

1時間の会話は、
50通の手紙よりも価値がある。

Une heure de conversation vaut mieux que cinquante lettes.

セヴィニエ侯爵夫人／Madame de Sévigné（1626年～1696年）
17世紀のフランスの貴族の生活を、書簡を通じて表現した書簡作家。特に娘に送った1500通にも及ぶ書簡は、鮮やかな描写を通して、当時の太陽王ルイ14世のヴェルサイユ宮殿時代を知る情報の宝庫として、今も大切にされている。

＊◆＊◆＊◆＊◆＊◆＊◆＊◆＊◆＊◆＊◆＊◆＊◆＊

まことの情熱は、私の人生を導き、
そして決して盲目にさせない。

Les passions peuvent me conduire, elles ne sauraient m'aveugler.

ラファイエット伯爵夫人／Comtesse de Lafayette（1634年～1693年）
王母、王弟妃らに仕えて優雅な宮廷生活を過ごした女流小説家。フランスの心理恋愛小説の創始者で、著書の『クレーヴの奥方』は古典主義の最高傑作。夫は地方貴族のラファイエット伯爵。セヴィニエ侯爵夫人との交流も深かった。

＊◆＊◆＊◆＊◆＊◆＊◆＊◆＊◆＊◆＊◆＊◆＊◆＊

何といっても、女性は胸の中に、
脳みそを持っているのよね。
Que de femmes ont de la cervelle plein la poitrine.

ポンパドール夫人／Madame de Pompadour（1721年〜1764年）
平民出身の銀行家の娘が、持ち前の美貌と社交術でルイ15世の公式な「ファヴォリット(Favorite)」になる。日本語に訳すと愛妾だが、日本のそのイメージよりも、もっと政治的な影響力を持ち、ヴォルテールやディドロなどの啓蒙思想家たちとのネットワークを拡げ、ロココ文化のスポンサーでもある存在だった。絢爛たるフランスの宮廷文化を華咲かせた。現在、大統領の官邸のエリゼ宮は、ルイ15世からの贈り物、ヴェルサイユのプチ・トリアノンは、彼女のために建てられた文化的遺産。42歳の時に肺充血で亡くなる。

* · * · * · * · * · * · * · * · * · * · * · * · * · *

恐怖や、殺戮によって人々を抑圧するためには、
政治的な力があれば十分であるが、
正しい法律によって人々を導くためには、
多くの才能が必要であると、すべての歴史が証明した。

L'histoire de tous les siècles a prouvé qu'il fallait beaucoup de talent pour amener les hommes à la vertu par de bonnes lois, tandis qu'il suffit de la force pour les opprimer par la terreur ou les anéantir par la mort.

自由よ、汝の名の下で
いかに多くの罪が犯されたことか。
（処刑される前に彼女が叫んだとされる言葉）

Ô Liberté, que de crimes on commet en ton nom !

ロラン夫人／Madame Roland（1754年〜1793年）
フランス革命のジロンド派の女王と呼ばれた黒幕的存在。夫、ロランはルイ16世時代の末期の内務大臣となったが、彼女が政治的サロンと政策のすべてを牛耳っていた。最後はロベスピエールのジャコバン派が圧勝したことで情勢は一転し、ロラン夫人は夫と愛人を逃亡させた。ロラン夫人は投獄され、ギロチンにかけられた。夫、ロランも彼女の死を知った2日後に自殺。

✦・✦・✦・✦・✦・✦・✦・✦・✦・✦・✦・✦・✦・✦・✦

私の美徳、それはあなたを愛すること、
私の身体、私の血、私の心、私の人生、私の魂、
それはすべてあなたを愛することで活かされている。

Ma vertu c'est de t'aimer, mon corps, mon sang,
mon cœur, ma vie mon âme sont employés à t'aimer.

ジュリエット・ドルーエ／ Juliette Drouet（1806年〜1883年）

フランスが誇る大文豪ヴィクトル・ユーゴー（Victor Hugo 1802-1885）の半世紀に渡る恋人で、『レ・ミゼラブル』のコゼットのモデルになった女性。2人が出会った当初、彼女はユーゴーの作品を演じる舞台女優だった。ユーゴーには20歳で結婚した妻がいたが、妻の不貞が発覚してから事実上夫婦生活は崩壊していた。ナポレオン3世から約19年間に渡り、ジャージー島（Île de Jersey）などでの亡命生活を余儀なくされてしまうが、孤立したユーゴーを支え抜いたのはジュリエットだった。2人が出会って50年目の記念すべき年に、ジュリエットは77歳で亡くなり、その後を追うように2年後にユーゴーも亡くなる。

✦・✦・✦・✦・✦・✦・✦・✦・✦・✦・✦・✦・✦・✦・✦

本当に私たち女性は、男性よりも繊細な感情や
視点を持ち、価値がある。
学者と言われている人たちの気取った態度や、
取ってつけたような態度に邪魔されなかったら、
私たちは沢山のことができる。

Vraiment, nous valons par le sentiment, la vision plus délicate
que celle des hommes et si, par hasard, la pose, la pédanterie,
la mièvrerie ne viennent à la traverse, nous pouvons beaucoup.

ベルト・モリゾ／ Berthe Morisot（1841年〜1895年）

19世紀印象派の女流画家のパイオニア。マネが絵画の師。当時の封建的な社会の中で、女性が画家になることを認めない時代のために、犠牲になったともいえる。しかし彼女の多くの才能溢れる力作は、現在再評価されつつある。マネの絵画のモデルとしても有名で、多くのマネ作品の中で、個性的な彼女の存在が確認できる。マネの弟と結婚する。

✽・✽・✽・✽・✽・✽・✽・✽・✽・✽・✽・✽・✽・✽・✽

すんでしまったことに注意を向けることは決してない。
するべきことしか目にしない。
On ne fait jamais attention à ce qui est fait :
on ne voit que ce qui reste à faire.

希望とは、我々を成功に導いてくれる信仰だ。
L'espoir est la foi qui nous amène à la réussite.

マリー・キュリー／Marie Curie（1867年〜1934年）
ポーランドの首都ワルシャワ出身の物理学者にして、化学者。24歳でパリのソルボンヌ大学物理学部に女性として初めて留学し、同窓の新進気鋭の仏科学者と結婚。後に2度ノーベル賞を受賞。女性で初めて夫と共に偉人としてパンテオンに遺骸を迎えられ、永遠に眠る名誉を得た。

✽・✽・✽・✽・✽・✽・✽・✽・✽・✽・✽・✽・✽・✽・✽

自分のことを聡明だと思い込んでいる女性は、
男性と同じ権利を主張するけど。
本当に聡明な女性は、そんな権利なんて放棄するわ。
Une femme qui se croit intelligente réclame les mêmes droits
que l'homme. Une femme intelligente renonce.

ばかみたいなことをしなさい、
でもそれを熱狂的に本気でやりなさい！
Faites des bêtises , mais faites-les avec enthousiasme !

人は愛されている時に、疑うことはない。
人は愛する時に、すべてを疑うものだ。

Quand on est aimé, on ne doute de rien.
Quand on aime, on doute de tout.

コレット／ Colette（1873 年〜1954 年）
若い頃は舞台女優として活躍したり、ナポレオン3 世の血縁である伯爵夫人と恋愛関係になったりと、かなりスキャンダラスに人生を謳歌し、「性の解放」を訴えながら、50作の小説を世に出した。豊かな文才溢れる彼女の作品は、今も多くのフランス人の心を捉えて離さない。代表作は『シェリ』や『青い麦』など。

＊◆＊◆＊◆＊◆＊◆＊◆＊◆＊◆＊◆＊

人生、愛、死を
本当の意味で理解し受け入れるまでに、
私たちはどれくらい待たなければならないのだろうか。

Combien de temps devrons-nous attendre pour que règne parmi
nous l'intelligence dans la vie, dans l'amour et dans la mort.

あらゆる宝物は同時に不幸をもたらし、
宝物を手にした人々は、
24 時間の間さえも幸せでいることはできない。

Toute fortune apporte la malédiction avec elle, et les gens qui
la possèdent ne peuvent pas être heureux pendant vingt-quatre heures.

イザドラ・ダンカン／ Isadora Duncan（1878 年〜1927 年）
20世紀を代表するダンサー。モダンダンスを創り上げたパイオニア。パリのみならず、ベルリンやモスクワにダンス学校を創立した。世界的に大いなる影響を与えた演出家、ゴードン・クレイグ（Gordon Craig 1872-1966）は、彼女のアーティスティックな演出上のパートナーであった。ニースで教え子たちと別れたあとに、首に巻いた長いスカーフが自動車に巻き込まれ、49歳で劇的な人生の幕を下ろす。

＊◆＊◆＊◆＊◆＊◆＊◆＊◆＊◆＊◆＊

私は自分の好きなことしかしない、
自分の好きなことだけで人生を切り開いてきた。
Je ne fais que ce que je veux faire,
et j'ai vécu par le fait de faire ce que j'aime.

香水をつけない女性に、未来なんてない。
Une femme sans parfum est une femme sans avenir.
注)このコトタマは、もともとフランスの詩人、ポール・ヴァレリー（Paul Valéry 1871-1945）が言ったものだった。

贅沢とは、貧しさの対極ではなく、下品の対極である。
Le luxe, ce n'est pas le contraire de la pauvreté mais celui de la vulgarité.

ココ・シャネル／Coco Chanel（1883年〜1971年）
フランスを代表するファッションデザイナー。孤児院で成長し、帽子のデザイナーとしてパリに初の店を出店。ツイードを使って、活動する女性のためのシャネルスーツを考案したり、女性たちをコルセットで締め付けるモードの在り方から解放したりして、革命を起こした。

* *

彼女の死期が迫った最後の瞬間、世界的にも著名な
レナード・バーンスタインとの短い会話の中で

彼「音楽が聞こえていますか？」

彼女「いつも、いつも絶えず」

彼「何の音楽が聞こえるの？」

彼女「始まりも、終わりもない音楽」

Un bref dialogue à la fin de sa vie avec Léonard Bernstein.
Lui : « Vous entendez de la musique ? »
Elle : « Tout le temps, tout le temps. »
Lui : « Et qu'entendez-vous ? »
Elle : « Une musique…ni commencement, ni fin. »

ナディア・ブーランジェ／Nadia Boulanger（1887年〜1979年）
作曲家であり、偉大な音楽教育者（大学教授）であり、女性で初めて交響楽団の指揮をした人でもある。世界の有能な音楽家たちを数多く指導し、輩出していった。タンゴに革命を起こした音楽家、アストル・ピアソラも教え子。

❖✦❖✦❖✦❖✦❖✦❖✦❖✦❖✦❖✦❖✦❖✦❖✦❖✦❖✦❖✦❖

一瞬一瞬すべての時が最後だ、
なぜなら唯一無二の瞬間だから。
Tout moment est dernier parce qu'il est unique.

もし私たちが、私たちであり続ける勇気があるのなら、
私たちは変化し続けるだけ。
Tous nous serions transformés
si nous avions le courage d'être ce que nous sommes.

マルグリット・ユルスナール／Marguerite Yourcenar（1903年〜1987年）
ベルギーのブリュッセルに貴族の末裔として生まれ、父の影響で世界中を旅しながら西洋古典などの教養を学ぶ。彼女自身バイセクシャルで、三島由紀夫を敬愛していた。フランス女性小説家として、歴史上初めて、アカデミー・フランセーズの名誉ある会員に選ばれた。

❖✦❖✦❖✦❖✦❖✦❖✦❖✦❖✦❖✦❖✦❖✦❖✦❖✦❖✦❖✦❖

日常生活は私たちを本質から遠ざける、
私たちの消費文明は、
私たちを本質に近づけてはくれない。
Le quotidien nous éloigne de l'essentiel,
notre civilisation de consommation ne nous en rapproche pas.

シャルロット・ペリアン／Charlotte Perriand（1903年〜1999年）
建築家でありインテリアデザイナー。長い間「近代建築の三大巨匠」のひとりとして位置づけられる、ル・コルビュジエ（Le Corbusier 1887-1965）の仕事上でのパートナーでもあった。インテリアの創造の世界を拡げ、価値を高めることに貢献した。日本にも数年間滞在し、伝統工芸に触発され、その時のイメージをベースに、パリ・ユネスコ本部大茶会の「茶室」もデザインした。

❖✦❖✦❖✦❖✦❖✦❖✦❖✦❖✦❖✦❖✦❖✦❖✦❖✦❖✦❖✦❖

純粋さとは、汚れをじっと見つめうる力である。
(『重力と恩寵』)
La pureté est le pouvoir de contempler la souillure.
("*La Pesanteur et la Grâce*")

喜びって、時間からの逃避行のことよ。
La joie est notre évasion hors du temps.

芸術においても、学問においても、
優秀な作品、平凡な作品を問わず、二流の作品は、
自己の拡大であるが、
一流の作品、すなわち創造は、自己の放棄であるのだ。
人々はこの真理がもうひとつはっきりわかっていない。
何故なら、一流の作品と、二流の作品の中でも
優秀な作品とは、どちらも栄光の輝きに包まれて、
いっしょくたにされ、区別がつきにくいからだ。
どうかすると、二流の方が優れていると
みなされることさえある。(『神を待ちのぞむ』)

Même dans l'art et la science, si la production de second ordre,
brillante ou médiocre, est extension de soi,
la production de tout premier ordre, la création, est renoncement à soi.
On ne discerne pas cette vérité, parce que la gloire mélange et
recouvre indistinctement de son éclat les productions du premier ordre
et les plus brillantes du second ordre, en donnant même souvent
l'avantage à celles-ci. ("*Attente de Dieu*")

シモーヌ・ヴェイユ／Simone Weil（1909年〜1943年）
34歳で夭折した天才的な哲学者。生涯神経性頭痛に悩まされたが、その考察の深さで、超越した人生の真理を探し求め抜き、急性肺結核で亡くなる。彼女の哲学は人生の深い指針として、世界中で今も愛されている。

ビタミン
VITAMINE

INSPIRATRICE（アンスピラトリス／インスパイアさせる女）

モンパルナスに降臨した酔いどれの女神は、芸術家たちに刺激を与え続けた

par モンパルナスのキキ

私の父代わりが、その腕に母を持ち上げてベッドまで抱えて行った。
彼はアルコールの密売人だったから、母を酔っぱらわせたの。
そんな母のお腹で大きくなった私は、
生まれた時には、既にホロ酔い気分だったのよ。

Mon parrain a enlevé ma mère dans ses bras et l'a portée
dans son lit. Comme il était contrebandier d'alcool,
il lui a foutu une de ses cuites! Et moi, j'en ai profité,
j'avais aussi mon pompon en arrivant.

私はポーズを取っている時はもちろん裸だけど、
彼の投げかける強烈な視線によって、
彼は私をもう一度裸にさせるのよ。

J'ai beau être nue pour poser, il regarde
avec une telle intensité qu'il me déshabille une deuxième fois.

人はそれぞれ幸せのほんの一部だけに
しがみついているに過ぎないという確信を
あなたとシェアーしたい。

Je voudrais vous faire partager cette conviction que
chacun ne possède ne doit posséder
qu'une très petite part du bonheur.

熱狂的なエネルギーを栄養にして咲いた
大輪の寿命はかくも短くて

　「モンパルナスのキキ」の本名は、アリス・プラン。フランスのブルゴーニュ地方、コート・ドール県のシャティヨン・シュル・セーヌ（Châtillon-sur-Seine / Côte-d'Or）で、私生児として生まれた。母はアリスを含めた4人の子どものためにパリへ出稼ぎに行っていたので、アリスは祖母に育てられる。生活はかなり厳しく、12歳になったアリスは母が働くパリに旅立つ。パン屋などで働いていたアリスだが、14歳の時にひょんなことから、彫刻家のヌードモデルになる職を得て母親と大喧嘩になり、母親のところを飛び出す。ひとりぼっちになったアリスは、他の画家のモデルの仕事を紹介してもらいながら、転々とするボヘミアンな生活を始める。1914年からは第一次世界大戦が始まり、極貧と闘いながら、野良猫のようなその日暮らしの悲惨さを、持ち前の明るさでたくましく生き延びていく。後に彼女がアリスという本名から、キキというあだ名になり（ギリシャ語でキキとはアリスを意味する）、人気絶頂だった1928年に、『キキの回想（原題は KIKI de Montparnasse, Souvenirs）』という本を彼女自身で書き下ろしている。その中で、この時代の笑ってしまうほど悲惨な生活の様子がユーモアたっぷりに描写されており、挿絵も彼女自身が描いている。特筆すべきはこの本の序文を書いたのが、当時日本からパリに渡って一世を風靡していた画家、藤田嗣治（1886-1968）であったことだ。ちなみに英訳

モンパルナスのキキ

KIKI de Montparnasse （1901年10月2日〜1953年4月29日）
1920年代にパリのモンパルナスで名を馳せたモデル、アリス・プラン（Alice Prin）の呼び名。歌手、画家、随筆家でもある。その当時は日本国籍の画家、藤田嗣治らのモデルを務める一方で、アメリカの写真家、マン・レイの愛人でもあった。晩年はドラッグとアルコールに溺れ、51歳で逝去。

されてアメリカで出版された時には、小説家ヘミングウェイ(Ernest Miller Hemingway 1899-1961)が序文を書いている。

パリの狂乱の時代を生きた 藤田嗣治とキキの不思議な友情

　藤田嗣治は、東京・牛込のエリート陸軍軍医の末っ子として、1886年に生まれる。キキよりも15年早く生を受けたことになる。1910年に現在の東京藝術大学美術学部絵画科を卒業。父親の直属の先輩であった森鷗外から、パリに行って本格的に学んだらどうかとのアドバイスを受け、意を決して1913年に渡仏する。藤田は世界中の先端アーティストたちが集まっていた、パリの新興地・モンパルナスの「ラ・リューシュ(La Ruche)」(フランス語で蜂の巣という意味の建物)にアトリエを構える。ここには、モディリアーニやスーチンら、「エコール・ド・パリ(パリ派)」と呼ばれる才能ある画家たちがいた。まだ無名で驚くほど貧乏だった彼らとともに、藤田はハチャメチャな生活を送る。また、彼らを通して、パスキン、ピカソ、ザッキン、ルソー、キスリングらともさらなる親交を深めていく。日本からは「東洋の貴公子」とまで言われた薩摩治郎八や、川島理一郎、島崎藤村、金子光晴らがパリに来ており、この街の疾風怒涛の渦の中で、新時代のアートの熱狂的エネルギーを吸収したはずだ。特に薩摩治郎八には、藤田は経済的にも助けてもらっていたようだ。

　そんな中、モデルとして密かに話題になり始めていたキキと、藤田は運命的に出会う。彼女の豊満な肉体と、透き通るような白い肌に大いにインスパイアされ、他の画家が真似することのできない、藤田独自の神秘的な乳白色の肌を描くようになった。藤田の描くキキの絵の前にはいつも行列ができ、藤田の名声はパリの画壇で知らない人がいないほどになった。そして1922年に描いた「寝室の裸婦」はサロン・ドートンヌとい

う権威のある美術展覧会でセンセーショナルを起こし、たちまち8000フランの値が付いてしまったほど。藤田は自分の才能よりも、モデルであるキキのおかげで絵が売れるようになったと感謝し、その売れた金額の札束8000フランをしっかりと握りしめて家路を急いだ。アトリエで凍えながら待っていたキキに、その札束を握らせてこういった。「キキ！ さあ、これでこの冬の寒さから守ってくれる、暖かい下着が買えるよ。靴も買えるし、美味しいものも食べに行ける！」。2人は子どものように飛び跳ねて大はしゃぎしながらしばらく抱き合っていたと、キキの回想録に書いてある。キキは真冬にモデルの仕事に行く時は、大きな分厚いコートは着ていたが、なんと、その下は裸だった。キキは藤田の優しさに包まれて、どれだけ幸せだったか。でもこの2人の友情は、恋愛に発展することはなかったようだ。それもそのはず、キキには世界的に有名な写真家、マン・レイ（Man Ray 1890-1976）という愛人がいた。藤田にもフェルナンド・バレェというフランス人の姉さん女房がいて、「藤田を有名にしたのはこの私！」と威張りくさり、踏ん反り返っていた。藤田は数年後にフェルナンドとは離婚するが、キキは恋愛の対象というよりも、作品を描く上でのミューズ的な存在であり、それ以上でも以下でもなかったようだ。

キキの才能は、モデルから歌手へとさらに花開いていく

　モンパルナスに新しくできた「ル・ジョッケー」というナイトクラブには、パリで仕事をする劇場関係者、映画人、作家や画家たちが毎晩押し寄せた。なぜなら、あの陽気で大らかで、ユーモアたっぷりで楽しい、彼らのミューズ・キキが滑稽な歌を歌い始めたからだ。彼女の歌は、現在も音源が残っていて聞くことができるが、歌唱力のある歌手というよりは、笑いとペーソスに溢れた歌い手だったようだ。そして、キキのひいき客だっ

モンパルナスのキキ

た、雑誌「パリ=モンパルナス」の発行者、アンリ・ブロカ（Henri Broca）の愛人になり、彼の企画によってキキが描いた絵の初展覧会が催され、パリで大成功を収める。1927年のことだった。その中には大切な友人として藤田の肖像画もあった。

2年後の1929年、パリの運命は大きく変わる。アメリカで起きた金融世界恐慌の余波により、パリで自由を謳歌していたアメリカ人のアーティストたちは、あっという間に本国に帰ってしまったのだ。キキの愛人だったマン・レイも、10年近く続いた、まばゆいばかりの男女関係にあっけなく終止符を打ってしまった。

キキは、ナイトクラブの女王として、アルコールとドラッグに溺れながら、急激に増える体重を自虐的に笑いとばしつつ、必死に生き抜いていこうとしていた。しかし、第二次世界大戦が終わり、疎開していた郷里からパリに戻ると、そこにはかつての亡霊たちしかいなかった。そんな絶望的な日々が続く中、今度は麻薬の密売で逮捕され、執行猶予付きで懲役2カ月、罰金300フランの判決を受けてしまう。かつてキキが画家たちと朝まで大騒ぎした、華やかだったラ・クーポールでもル・ドームでも、今や人々はキキを見て見ぬ振りをするくらい、尾羽うち枯らした姿だった。水腫に冒されてしまったキキは、吐血した血の中に倒れこみ、パリのレネルク病院で亡くなってしまう。その当時の新聞には「モンパルナスの女王キキは、もういない。思い出に忠実な藤田は、レネルク病院で、キキの痛ましい遺体に弔意を表した」という記事が残っている。驚くなかれ、キキが倒れたことを知って駆けつけたのは、藤田ひとりだけだったのだ。藤田はその後、葬儀費用もない、まったくの無一文になってしまったキキのために、埋葬資金を提供し、パリから約20キロの郊外に小さな墓を用意できるよう、色々と取りはからった。藤田にとってはキキの存在がなかったら、あの透き通る乳白色の肌の女を描くことはできなかったはず。時代がどんなに変わろうとも、キキは藤田にとって、まさに永遠のミューズだった。

フランス人は、残酷なほど熱狂しやすく冷めやすい、ドライなマインド

を持つ人たちなのだろうか。そんなはずはないと言い聞かせながらも、キキをあれだけ女神として持ち上げておいて、最後はなんと冷たいのだろうと、私はひとり、やり場のない怒りを覚えていた。ところがちょうどこの原稿を書いている最中、パリの6区にある瀟洒(しょうしゃ)な劇場で、ひとり芝居「KIKI」の再演がきまったとの知らせが飛び込んできた。キキのトレードマークだった黒髪のおかっぱ姿の、キキよりも若くて、一層美しいフランス女優が、キキの半生を見事に演じている。それもキキが闊歩していたモンパルナスのすぐ近くの劇場で。そう、キキはパリで密やかに蘇りつつある。パリジャンはキキを忘れてはいない。キキが喜んで両手を叩いて、大はしゃぎしているような人影が、モンパルナスの薄暗い路地裏に浮かんでは消える満月の夜。果たして飛び上がるのは野良猫だけだろうか？

ラ・クーポール (La Coupole)

モンパルナスのキキのゆかりの地

1927年に創業したアール・デコ調の老舗のビストロ&カフェで、地下はダンスホールになっている。かつてはジョセフィン・ベーカー(12ページ参照)もここでよく踊っていた。2015年に大幅に改装して、昔の面影は今はほとんどなくなってしまったが、画家たちが絵を描いた33本の柱や、昔を偲ぶ写真等が僅かに残っている。メトロ4番線のVavin駅下車で徒歩5分くらい。

- 102 boulevard du Montparnasse 75014 Paris

ル・ドーム (Le Dôme)

モンパルナスのキキのゆかりの地

1897年創業の老舗で、食事もできるブラッセリー。こちらは昔のままの姿を現在もとどめている。キキの写真や、藤田の写真等も残っていて、名物デザート、ミルフィーユが一番のお薦め。岡本太郎も常連だったそうな。生牡蠣や舌平目のムニエルも美味しい。是非予約をして、ちょっとお洒落をしてパリの大人カフェを満喫してほしい。ラ・クーポールから歩いてすぐに行ける距離。同じ通りなのでわかりやすい。ベル・エポックの雰囲気の残る店内も素敵で私はこちらがお薦め。地下鉄は同じくVavin駅下車。

- 108 boulevard du Montparnasse 75014 Paris

キキの墓地と謎の猫

いざ、ティエ墓地へ

　11月1日はフランスでは「諸聖人の日」でトゥッサン（Toussaint）と呼ばれる休日。その翌日の11月2日は「死者の日」で休みではないが、この2日間でお墓参りをすませる習慣がある。フランスのお墓参りには、黄色い菊の花を持って、故人が眠る墓にいく。私は、キキの墓がある「はず」の、ティエ墓地（Cimetière parisien de Thiais）というパリのモンパルナスの中心からやや南南東方向に約15キロのところに車で行くことにした。もちろん助手席には、かなり大きな黄色い菊の鉢を載せて。

　ティエ墓地に到着して、ただびっくり。もっとこぢんまりして洒落た墓地かと思っていたら、大きなゲートがいくつもある巨大な墓地だったのだ。黄色い菊の花を抱えた家族連れで賑わっていて、通行案内のスタッフも大忙し。慣れない私のような訪問者への受け答えで大変なことになっていた。私は管理事務所の場所を聞き、キキの写真や記事のコピーを念のために数枚握りしめ、車を停めて事務所に入った。

　村役場の公務員風のおじさんたちが4、5人働いていたが、誰を呼んだら良いか分からなかったので、得意の大声で「すみませーん」と叫ぶと、2人のおじさんが何事かと足早に私の方に来てくれた。

　「私、モンパルナスのキキのことを取材しているのですが、彼女のお墓がここにあると知り、今日はお墓参りがしたいんです。どこの地区にあるのか教えていただけませんか？」と聞くと、しばしの沈黙の後、おじさんたちは目を合わせ、「キキって誰？」と困っている。フランス語で誰とは「Qui

（キ）」というので、つまり「Qui est KIKI ?」と、やたらとキキキとばかり聞くはめに。

「1920年代のエコール・ド・パリの、モンパルナスのミューズだった歌手なんですけど。モデルさんでもあって……」と私が説明すればするほど、カラカラと音を立てて空回りしていくようで、私は手にしたキキの写真と彼女の生い立ちの短いコピーを、おじさんたちに見せた。

「あぁ……。見たことある？」と、ひとりのおじさんがもうひとりに目配せすると、「そういや、有名人墓リストっていうのがあったよね」と言ってそそくさと事務所の奥に入っていった。残ったおじさんは、私の顔をマジマジと見ながら、「あなたが初めてですよ。キキの墓の場所っていうのを聞いてきたのは」と言った。

「そうなんですね」としか私は答えられず、奥に調べに行ったおじさんを待っていると、私の足元になにやら温かくて柔らかい物体がまとわりつく感じがした。ふと下に目をやると、「ブンニャアー」と、肩幅が大きくて、むっちりした、白と黒の毛の模様がおかっぱ髪のようにも見える色っぽい猫が、大きな瞳をさらに大きくして私を見上げているではないか。まるでキキが猫になったかのようだ。

「あらら！ キキ様！ こんなところで、ボンジュール！」と話しかけると、ますます背中を丸く持ち上げて私の足に体をなすりつけてくる。

Pause

ついにキキの墓発見か？！

　そこへ、「あぁ、ありました！ ありましたよ」と、おじさんが大きな分厚い帳簿らしきものを抱えて戻ってきた。その帳簿をめくりながら、「確かに1953年にここに埋葬されていますが、1974年に何者かが持って行ってしまって今は墓がないですね」と説明してくれた。

　「持って行ってしまったって？ 誰が？ なぜ？」と私が困りながら、足元のキキそっくりの猫に「ねえ、キキ様、あなたのお墓はなくなってしまったって。どうなっちゃったの？」と話しかけると、今度は私から急に離れて、「ヒー！！！」と火を吹いたようにひどく怒っているご様子。

　「とにかく、そのお墓が1974年まであった場所を教えていただけますか？ せめて菊の花を置きたいので」とおじさんに言うと、地図を広げて親切に教えてくれた。キキそっくりの猫はお怒りのまま、あっという間に姿を消してしまったようで、見当たらない。おじさん2人にお礼を言って事務所を出る時に、彼らが、「珍しい猫だったね。あんなに良く肥えた猫、この辺にはいないよね」と話しているのが耳に入った。私はちょっと不思議な気持ちになりながら、地図を手にして、菊の鉢を抱えたまま、元キキのお墓だった場所を探し歩いた。

　15分くらいは歩いただろうか。教えてくれた一画は、無縁仏のような、かなり古くて忘れ去られた、ほとんど形も残っていないお墓ばかりだったが、菊の花をその一画の真ん中に置いてお祈りをしてきた。

それにしても、キキはどこに行ってしまったのでしょう。キキに瓜二つのおかっぱ頭のお猫様おしえて！

パリ郊外のティエ墓地に眠っているはずのキキへ
オマージュの菊花を

ビタミン
VITAMINE L

LIBERTÉ（リベルテ／自由）

パリのサン・ジェルマン・デ・プレのミューズとして、自由に愛され、自由をこよなく愛した女

par ジュリエット・グレコ

どれほど愛し合う男女であっても、
常にある一定の距離と、お互いの自由を尊重すること。
それがお互いの信頼と神秘性を高めてくれる。

Garder une certaine distance et se respecter mutuellement même pour un couple très amoureux, cela permet d'entretenir le mystère de l'un et de l'autre.

前を向いて生きること、ただそれだけ。
前に進み続けることで、今の自分と向き合い、闘うことができる。
前進しつづけないと後退してしまう。

Avancer dans la vie, c'est tout. Cela nous permet de faire face à soi-même aujourd'hui et d'avoir l'énergie pour surmonter les difficultés. Si on ne continue pas à avancer, on recule tout simplement.

この世には、自分で人生を決める自由がある人と、
その自由がない人の2種類がいる。
何はなくても、その自由だけは失いたくない。
なぜなら、それこそ、人生の最大の宝だから。

Dans ce monde, il y a deux types de personnes : ceux qui ont la liberté de prendre une décision pour leur vie et ceux qui n'ont pas cette liberté. Je ne veux pas perdre cette dernière même si je n'ai rien d'autre. Car, je pense que c'est le trésor le plus précieux dans la vie.

第二次世界大戦後のパリは、
サン・ジェルマン・デ・プレが尖っていた

　パリの芸術的なメッカは、時代とともに移り変わる。第一次世界大戦後からアメリカを震源とした世界恐慌が起きる1929年までは、世界の芸術の中心は「ラ・フォル・ジュルネ(熱狂の日々)」と呼ばれたパリのモンパルナスだった。それが第二次世界大戦後になると、パリの中心を流れるセーヌ川左岸の、サン・ジェルマン・デ・プレ界隈が中心になっていく。サン・ジェルマン・デ・プレ教会の目の前に今もある、カフェ・ド・フロールや、レ・ドゥ・マゴには、実存主義を提唱してセンセーションを巻き起こしていた哲学者、ジャン・ポール・サルトル(Jean-Paul Sartre 1905-1980)や、女性たちの精神的解放を説いた『第二の性』の著者であり、サルトルの生涯にわたるパートナーであった、シモーヌ・ド・ボーヴォワール女史(Simone de Beauvoir 1908-1986)(84ページ参照)などが、時代を牽引する思想的なリーダーとして存在していた。そこには、フランスの戦後の音楽シーンに欠かせない存在であった作曲家、ボリス・ヴィアン(Boris Vian 1920-1959)や、世界的にも有名なシャンソン「枯葉」の作詞者ジャック・プレヴェール(Jacques Prévert 1900-1977)もいた。戦後の景気にあおられて、アメリカからも有名なジャズメンがこぞってこの界隈で演奏しに来るようになる。その中でも特筆すべきは、ジャズの神様とまで称されるトランペッター、マイルス・デイヴィス(Miles Davis 1926-1991)とパリのサン・ジェルマン・デ・プレの歌姫、ジュリエット・グレコとの運命的なラブストーリーだ。

ジュリエット・グレコ

Juliette Gréco (1927年2月7日〜)
第二次世界大戦後、パリのサン・ジェルマン・デ・プレをベースに、ジャン・ポール・サルトルら多くのアーティストにインスピレーションを与えてきた歌手。

ジュリエット・グレコ

L

ジュリエット・グレコという歌姫の生い立ち

　世界のマイルス・デイヴィスに「彼女ほど、僕のことをひとりの人間として差別なく愛してくれた人はいない」とまで言わしめた歌手ジュリエット・グレコとは、どんな生い立ちの女性だったのか？

　グレコは、フランス南部ラングドック・ルシヨン（Languedoc-Roussillon）の首府モンペリエ（Montpellier）に、1927年に次女として誕生する。大きなお城のような古い家で生まれたグレコは、ことのほか彼女を可愛がってくれた白く長いお髭の祖父が大好きだったそうだ。本人の話によると、祖父は元建築家で、品のある紳士。その祖父とは対照的な、保守的で厳格な祖母からはいつも逃げ回っていた、と当時を思い出しながら楽しそうに語ってくれた。父親はコルシカ出身の男性だが、グレコには父親の記憶はほとんどない。なぜなら、グレコが3歳の時に両親は離婚し、父親は家を出てしまったからだ。そして母親はグレコと姉を祖父母に預けてひとりパリへ行ってしまう。祖父が亡くなってパリの母親のもとに行くのは10歳の頃で、母親としての記憶はあまりないという。多感なグレコは、ある時期からバレリーナになりたいと夢見るようになる。そこで、パリに行ったグレコは、当時のパリの中では、かなり入団が難しかったバレエ学校に見事入学。いつの日かプリマドンナになることを信じて、厳しい食事制

2015年の初冬、パリの著者（写真右）の事務所にグレコ（写真左）をご招待

限や、練習にも耐えていた。ところがグレコが14歳になった時に、思いも寄らぬ悲劇が、彼女に襲いかかる。レジスタンス活動家の母親が、ドイツ軍に捕まり、ナチス強制収容所に送られてしまったのだ。姉も母親と一緒だった。この時まだ未成年だったグレコは、母親と姉から引き離されて、パリ近郊の刑務所に収容された。ドイツ軍から厳しい尋問や、拷問を受けたが、グレコは最後まで、強靭な意志で耐え抜いたそうだ。そして約2カ月後に、グレコは晴れて自由の身になるが、母親と姉はまだ収容所内だった。パリで頼る人もなく、途方に暮れていた時、ある女性のことを思い出す。グレコがバレエを目指す前、演劇に進みたいと思っていた頃に演技を習った女優だった。グレコは、決死の覚悟で彼女の住所を探し出し、訪ねて行く。この女優との出会いこそが、その後の彼女の人生を大きく左右する扉を開いてくれたのだった。

人生の幸運の女神に愛されたグレコ

この女優を通して、サン・ジェルマン・デ・プレにたむろする哲学者や芸術家などの文化人との付き合いが始まる。さらにグレコが生涯トレードマークとする、黒髪と大きな黒い瞳に黒い衣装が、アメリカからパリに来ていた「ライフ(LIFE)」という雑誌のカメラマンの目に止まり、4ページにもわたって特集されることに。思いも寄らぬ幸運を得た彼女は、サン・ジェルマン・デ・プレにおいて、なくてはならない存在になっていく。ある日サルトルは、グレコに自らの詩を提供し、歌手になることを勧める。彼の生涯のパートナーであったボーヴォワールも微笑ましくグレコの成長を見守ってくれたそうだ。ボーヴォワールは、独特な威厳を保ちながらも、グレコにはことのほか優しく大らかで、価値のあるアドバイスをしてくれる素晴らしい存在だった。それからはスターダムへの道をまっしぐらに進んでいくグレコ。バレエで鍛えた精神と、演劇で学んだ、歌を短いドラマと捉えて歌うグレコ

ジュリエット・グレコ

の独特な世界により、新しいフランスのシャンソン界をリードする存在となり、エディット・ピアフ賞をはじめ数々の栄誉を手にしていく。

マイルス・デイヴィスの生涯の宝になった歌手

　そんな日々の中で出会ったのが、パリに演奏旅行に来ていたマイルス・デイヴィス。白人であるグレコと黒人マイルスとの肌の色を超えた恋愛は、今でこそ当たり前になっているが、当時の保守的なフランスでは、かなりショッキングなニュースだった。2人でアメリカに行った時、グレコには丁寧なサービスをする店員も、マイルスには露骨に差別をするという現実がまだ色濃く残っていた。そのたびにマイルスは悲しい思いをし、グレコもやり場のない怒りに震えていた。グレコとのラブストーリーは、マイルスにとっても、人種の差別なくお互いの才能を尊重し合いながら愛を育んだ、生涯忘れられぬ貴重なものだった。超遠距離恋愛の2人はいつしか心も離れていくが、マイルスは死ぬまでグレコとの思い出を大切にしていた。グレコも「彼は音楽の天才、神様よ」と大きな黒い瞳で語っていた。

生涯現役であり続けるパワーの源泉

　グレコが初来日したのは1961年。当時、日本の某財閥系企業の会長が、グレコの大ファンだったそうで、その会長の一存で来日公演は決まった。日本での初コンサートの時、着物を着た女性たちによって会場は埋め尽くされ、それは華やかで美しかったとか。また、会長の真心の計らいにより、プライベートの飛行機や船で日本観光もできた。この時のことは、今も忘れられない思い出になっているそう。それ以来、2年に1度は日本で公演するようになった。2016年6月、歌手生活最後の公演「メルシー」が、23回目の

来日コンサートになるはずだったが、体調不良のために延期になってしまっている。しかし、年齢も恐れずに挑戦し続ける「自由」こそ、彼女のパワーの源泉なのである。ステージにグレコが戻ることをひたすら祈る。

　歌を通してフランス語の詩の美しさを届けたいといつも願い、言葉の持つ無限の力を信じているグレコ。そして彼女が、生涯一番大切にしてきたことをひとつだけ挙げるとしたら、それは「自由」。自分の人生の決断を、自分でできる自由。自分の人生の時間を、自分で使える自由。これを取り上げられてしまったら、精神の奴隷になってしまうから、命を懸けて、今までも、そして今も「自由」を守るために闘っている。その良い例として、驚くべき逸話をご紹介したい。88歳になったグレコは、半世紀の長きにわたってグレコのステージをマネージングしてくれた、古株のプロデューサーとの契約以外に、新進気鋭の若手のプロデューサーとも仕事を始めた。グレコのイメージをさらに進化させ、世界公演をもっと自由に開催するために、新たな挑戦を始めたというのだ。これも、今までのステージの限界を突き破りたいという、彼女なりの人生選択の自由なのだ。残念ながら、現在この新プロデューサーが企画した公演は、延期になってしまっている。しかし、年齢も恐れずに挑戦しつづける「自由」こそ、彼女のパワーの源泉なのである。

　グレコの深くて渋いシャンソンで心を癒していると、古き良き時代のサン・ジェルマン・デ・プレでの姿が浮かび上がってくるようだ。大きな黒い瞳と、トレードマークの黒い衣装のグレコが、ささやくように歌う声がどこからともなく聞こえてくるような、夕暮れのパリの空の下。再びステージに立つグレコに会える日が待ち遠しい。

ジュリエット・グレコのCD

「メルシー」
発売元：リスペクトレコード　RES-274～275（2枚組）
解説、曲目解説、訳詩：中村敬子（アンフィニ代表、グレコとは40年にわたって公私ともに親しく、日本公演の企画・製作をすべて手がけた。）

ビタミン
VITAMINE

MANIFESTATION（マニフェスタシオン／自分を表明する生き方）

愛し愛されることが、
プロであり続けるための真実のエネルギー

par ジョルジュ・サンド

言葉よりも、行動や態度で、
その人の思いの本質を判断しなければならない。

Il faut juger les sentiments
par des actes plus que par des paroles.

愛されていないのに、愛することは、
消えてしまった煙草に、火をつけ直さないといけないようなこと。

Aimer sans être aimée,
c'est vouloir allumer une cigarette
à une cigarette déjà éteinte.

シガー(葉巻)は、
人生すべての、優雅さと無為さを補ってくれるものとして、
なくてはならないもの。

Le cigare est le complément indispensable
de toute vie oisive et élégante.

文筆業を天職として、
初めて成功した女流作家の愛した館

　ジョルジュ・サンドが幼少期を過ごし、パリとの間を行き来しながら40代以降のほとんどの時間を過ごした豪奢な館は、ノアン・ヴィック（Nohant-Vic）という、人口300人ほどの小さな村にある。パリから車で南西に約2時間の距離だ。現在この館は、ジョルジュ・サンドの記念館として一般公開されており、彼女が過ごした当時のままの姿を見学することができる。

　ノアン村を訪れた時、村の広場の入り口にある胸像が目に入り、思わず我が目を疑った。それは、苦悩に満ちた表情のショパンの胸像だったのだ。サンド女史自身がこれを置くように指示したのか、はたまた、村おこしの一環として、ショパンとの愛の歴史をクローズアップしたかったのか。真相は分からないままだ。この村の広場にどうにも馴染んではいないショパンの像が気になりながらも、広場の奥の立派な壁に囲まれた、サンド女史の館に入った。ここには専門ガイドによる、館の歴史とサンド自身のことが学べる無料ツアーがあるが、250ヘクタールの庭と、3階建ての館のすべてを見るためには、おおよそ2時間くらいの時間が必要だ。一般的には田園小説家とか、フェミニストの男装の麗人といったイメージの強かったサンド女史の、知られざる家庭人としての一面や、その他の彼女の個人的な世界に迫ることができる、大変価値のあるものだった。

ジョルジュ・サンド

George Sand （1804年7月1日～1876年6月8日）
19世紀のフランスを代表する女流作家で、フェミニストの草わけ的存在。葉巻をくわえ、男装の麗人と言われるなど、アヴァン・ギャルドな生き方でも有名。詩人のミュッセや、作曲家のリストらを相手に華やかな恋愛遍歴をこなす。作曲家のショパンとは、長きにわたり彼女の別荘のあるノアンで同棲したが、結局破局を迎える。

ジョルジュ・サンド

複雑な生立ちと、結婚、離婚、そして輝かしい恋愛遍歴

　サンド女史は、パリがロマン主義の文学や芸術の潮流に沸き返っていた1804年に、軍人貴族の父と、父とはあまりにも身分の違うお針子の母との間に生を受けるが、正式に結婚をして生まれた子どもではなかった。彼女の本名は、アマンティーヌ・オロール・リュシル・デュパン（Amantine-Aurore-Lucile Dupin）。そこで少女期の彼女のことはオロールと呼ぶことにしよう。

　曽祖父は、軍事思想家として名高いモーリス・ド・ザックス（Maurice de Saxe）で、由緒正しい軍人貴族の家系だった。オロールの父親は乗馬が得意で、幼少期のオロールは、父親に乗馬を習って、大変活発な少女に育っていった。ところが4歳になったばかりのオロールに、予期せぬ不幸が襲いかかる。最愛の父が乗馬中の事故で命を落としてしまったのだ。残されたオロールは祖母の館に預けられ、パリの寄宿舎に入る14歳までを祖母とともに過ごす。お針子の母親はどうしてしまったのか？　答えはいたって保守的なフランスそのもの。身分違いによる嫁姑問題により父方の祖母は、孫のオロールは館に受け入れるが、身分の低い嫁は出入り禁止にしたのだ。そんなフランス階級社会の現実の中で、4歳のオロールは、母親から離され、このノアン村の祖母の館で貴族の娘としての教育を受けて成長していく。14歳になった時に、貴族の令嬢たちが通うパリの寄宿学校に入学する。ようやくパリにいる母親の近くに住むことができ、どれだけオロールが幸せだったか、想像に難くない。

27歳の時の恋人と合作で出版した小説で文壇デビュー

　オロールが17歳になった時に祖母が亡くなり、ノアンの豪奢な館はオ

ロールのものになる。同時に彼女を監視する貴族社会の目（祖母）からも自由になり、母親のいるパリで一緒に生活を始める。18歳の時に出会ったカジミール・デュドヴァン（Casimir Dudevant 1795-1871）という男性と恋に落ちて、すぐに結婚。長男のモーリス（Maurice）と長女ソランジュ（Solange）を授かりながらも、数年後に離婚。その後27歳の時に恋人だった、ジュール・サンドー（Jules Sandeau）と合作で初めての小説を世に出す。これに確かな手応えを感じたオロールは、この時の恋人の名前からヒントを得て、ジョルジュ・サンドというペンネームで、翌年『アンディアナ（Indiana）』という小説を書いて注目を浴び、プロの女流作家としての第一歩をスタートさせる。30代半ばからは社会主義に傾倒して、男装で政治活動にも盛んに参加するようになり、フェミニストとして女性の社会的な地位向上を訴える。当時、夫婦における女性の権利はあまりにも低かった。離婚を女性から言い出す権利も、子どもを引き取る権利もなかったのだ。彼女は女性の権利のために果敢に戦う。なぜなら、彼女自身が女性であるがゆえに、離婚の時に苦労した張本人だったから。

　しかし、1848年、43歳の時に起きた2月革命（72ページの＊参照）の結果に意気消沈して、サンド女史は政治的な活動からすっかり足を洗ってしまう。それ以降はほとんどの時間をノアンの館で過ごし、執筆活動に専念。サンド女史の執筆意欲は凄まじいものがあり、なんと生涯で109作もの作品を発表。個人的な生活の中からインスピレーションを受けて書いた私小説から、戯曲、評論、さらには、有名詩人アルフレッド・ド・ミュッセ（Alfred de Musset 1810-1857）を始めとする大勢の恋人たちとの書簡に至るまで、彼女の旺盛な創作意欲は留まるところを知らず、71歳で逝去するまで作家として貫徹した人生だった。どんな休日でも執筆をしない日はなく、手紙も毎日最低15通は書いていたと記録に残っている。そんなサンド女史にも、今も語り継がれるくらい有名で、悲劇的な結末の、世紀の大恋愛があった。相手はあの偉大なる作曲家、ショパンだ。

ジョルジュ・サンド

ショパンと自由奔放なジョルジュ・サンドの運命の出会い

　サンド女史とフレデリック・ショパン（Frédéric Chopin 1810-1849）との出会いは、当時の音楽界で話題の作曲家、フランツ・リスト（Franz Liszt 1811-1886）の愛人が催した夜会だった。それは1836年、サンド女史は32歳、ショパンは26歳だった。ポーランド出身のショパンは、21歳で単身パリに来てから、ピアニストとしても、そして斬新な作曲家としても注目を浴び始めていた。ショパンのサンド女史の第一印象は最悪だったようで、彼の書簡には「なんて傲慢な感じの女。いや、本当に女なのだろうかと、それさえも疑いたくなる」とある。男装をして当時のパリの社交界を騒がせていたサンド女史は、男のように葉巻を吸い、かなり異色な存在として目立っていた。しかし、人生とは不思議なもので、大嫌いなものがある日突然大好きになることがあるらしい。深く愛し合うようになった2人は、1847年までの約10年間、人生をともに歩むことになる。サンド女史も、音楽好きの祖母の影響で子どもの頃からハープやピアノを弾いたりしていたので、ショパンの類まれな音楽の才能を直感していたのかもしれない。6歳も年上のサンド女史は、ショパンをパリの社交界から遠ざけて、作曲活動に専念できるようにと、ノアンの館に彼の部屋を作る。ショパンのピアノも運び入れて、彼の創作活動をサンド女史なりに愛情豊かに支援していた。しかしそれに嫉妬したのは、別れたはずのサンドの夫と、悲しいかな、彼女の2人の子どもだった。

悲劇的なショパンとの破局は、永遠の別れになる

　ショパンは元来病弱な体質で、彼が17歳の時に2歳年下の最愛の妹エ

ミリアを結核で亡くしている。ショパン自身も結核と闘いながらの人生だった。サンド女史との生活は、確かに愛し愛される、双方の愛に満ちてはいても、愛ゆえに波瀾万丈な苦悩と表裏一体だったのだ。サンド女史の娘ソランジュにピアノを教えているうちに、この娘に誘惑されて（真相は不明だ）、恋仲になりそうになってサンド女史に大目玉をくらったり、息子モーリスから嫌がらせを受けたり、突然サンド女史の元夫が乗り込んできたりと、どれだけの男女

ショパンと過ごしたスペインのマヨルカ島のヴァルデモーサにある修道院の中

の愛憎のパッションが、このノアンの館の中で火花を散らしたことだろうか。2人は1838年の11月から数カ月間、スペインの中でも常に太陽が照ることで有名な高級リゾート地、マヨルカ島に逃避行するが、モーリスとソランジュも一緒だった。太陽が照らないパリを避けて、ショパンの健康を取り戻すことがサンド女史の目的だったのだが、ショパンの病気が島の人たちに伝染するのではないかと疑われ、町の中心から10キロも離れた山の上のヴァルデモーサ（Valldemossa）にある修道院に滞在することになる。運悪く、その年は雨量が記録的に多かったために、湿度が高く、ショパンの健康状態を悪化させる結果になってしまう。そしてついに、関係を修復することが不可能になった2人には、別離の選択しか残されていなかった。

　1847年に、ショパンはノアンの館を出ることを決意。彼の愛したピアノも一緒だった（後にこのピアノはワルシャワのショパン博物館で発見されることになる）。彼はサンド女史との思い出に溢れているパリには、あえて

ジョルジュ・サンド

M

寄らずにロンドンに直行。亡くなるまでの2年間をロンドンで過ごすが、健康状態は危機的なほど悪化していった。ショパンは、亡くなる前にもう一度、彼を育て、彼を愛し、彼とサンド女史を出会わせてくれた街、残酷ゆえに美しい街、パリに戻ることを決意。パリの広場の中でも、最も一流ブランドの店が集まる、華麗なヴァンドーム広場のショーメ（41ページ参照）という最高級宝石店の3階フロアーを富豪のファンから提供された。そしてショパンは亡くなるまでの3週間をここで静かに過ごす。ファンの手によってピアノも運び込まれたがもう弾くことも叶わず、39歳の音楽家はただピアノを眺めながら、パリとノアンの喜びと絶望の日々を思い出していたのだろうか。残念ながら、ここにサンドが見舞いに訪れた記録は残っておらず、その後、マドレーヌ寺院で行われた盛大なショパンの葬儀にも彼女は参列していない。

　サンドとショパンの悲劇的な大恋愛は、一枚の絵の中に象徴されている。それはウジェーヌ・ドラクロワ（Eugène Delacroix 1798-1863）が描いた、珍しく2人一緒の肖像画だ。サンド女史の女性的な愛に満ち足りた微笑の横で、対照的に苦悩の表情を浮かべるショパン。そう、ノアンの村の入り口にあった、あの胸像のように。愛と苦悩の狭間で、サンドはペンをとり、ショパンは愛の旋律を後世に残した。

　運命の愛の力は、様々な形で昇華し、今もこうして私たちとともに生き続けている。

＊2月革命
1848年2月にパリ市民が武装蜂起して、国王ルイ・フィリップ（Louis-Philippe Ier 1773-1850）を退位させ、亡命させた事件。これにより貴族が統治する時代は完全に終焉し、産業資本家などの中産市民階級を中心とする政治体制が定着して行く。1848年12月の大統領選挙で当選した人物こそ、ルイ・ナポレオンつまりナポレオンの甥にあたる人物。ナポレオン3世として、ナポレオンが生前になし得なかった遺言的なパリの都市計画を敢行して、現在のパリの基盤を創り上げ、1870年まで支配した。

ジョルジュ・サンドの家 (Maison de George Sand)

ジョルジュ・
サンドの
ゆかりの地

18世紀末に建築されたジョルジュ・サンドの父方の祖母の家。祖母が亡くなってからジョルジュ・サンドが相続し、現在はノアン・ヴィック市に寄贈されて、ジョルジュ・サンドの記念館として、運営、保存されている。彼女が愛した広大な庭の中に、お墓もある。

- 2 place Sainte-Anne 36400 Nohant-Vic
- http://www.maison-george-sand.fr

ノアン・ヴィック市にあるジョルジュ・サンドの家

ヴェネチアから取り寄せたシャンデリアのある食堂

ロマン主義博物館 (Musée de la Vie Romantique)

ジョルジュ・
サンドの
ゆかりの地

パリ9区の画家、アリィ・シェフェール (Ary Scheffer) の館で、ジョルジュ・サンドとショパンはよく訪れて、演奏会もしていたとか。彼女のアクセサリーや、デッサンなども展示されている。本文の中の2人が一緒にいるドラクロワの絵は、ここで展示されているはずだったが、何者かによって真っぷたつに切り裂かれ、今はその所在も分からなくなってしまったのだとか。

- 16 rue Chaptal 75009 Paris
- http://museevieromantique.paris.fr/fr

もちろん日本女性だって！

女性解放の時代のうねりは、音をたてて近づいていた！ 其の1

女流作家のパイオニア
樋口一葉

　フランスのジョルジュ・サンドが68歳にならんとしていた頃、日本では樋口一葉が生まれていた。樋口一葉の文章は国語の教科書などでも良く取り上げられているが、五千円札に描かれた肖像の方が馴染み深いかもしれない。女性としてお札の肖像になった人物は、なんと1881年の神功皇后以来だそうだ。一葉とジョルジュ・サンドとの共通点は、2人とも女性として社会の不公平と闘いながら、作家という「職業の扉」を「女性」のために開いた第一人者であることだ。まさにプロ意識を自覚して小説家となった日本初の女性だ。

　しかし、2人の人生は対極にあったといっても良い。ジョルジュ・サンドは、結婚、離婚、不倫と、多数の愛人とのラヴアフェアーに身も心も委ねながらも、2人の子どもを育て、71歳で亡くなる直前までペンを持ち、自分の考え方や生き方を表現し続けた。まさにマニフェストな女性だった。生涯で109作を発表している。一方で、一葉は生涯結婚もせず、貧困の中で母親と妹の面倒を看ながら、一家の若大黒柱として小説を書き続けた。そして無残にも24歳と6カ月で肺結核により夭折してしまう。彼女は「奇跡の14カ月」と言われる最期の年月に『ゆく雲』『大つごもり』『にごりえ』『たけくらべ』『十三夜』等の作品を立て続けに発表するが、作品数はジョルジュ・サンドに比べたら本当に数えるほど。だが、まさに命を削り、絞りながら、短い人生経験の中から、時代を超えて生き続ける不朽の名作を生み出している。そしてその内容は、

単なる恋愛小説の域を越えて、一葉が実際見て、聞いて、交流した中で知り得た、当時の吉原で「賤業婦」と呼ばれていた売春を生業として、生きることしか選択肢がなかった女性たちの世界だった。彼女等のささやかな幸せや、悲しみ、苦悩を文学的に昇華させることに見事に成功している。まさに天才。何度読んでも一葉のほとばしる才能には驚嘆するしかない。しかしそれだけではない。

　一葉の凄いところは、ただ単に文学作品の題材とするだけでなく、この下級社会の女性たちを救済する必要性を、作品を通して彼女なりに真摯に主張しているところである。その後、遅ればせながら日本で始まる男女同権時代の気運を予見していたかのごとく。もし、一葉がジョルジュ・サンドのように長生きをして、女としての様々な経験をすることができていたら、どれだけ凄い作品を書いていただろうか。運命は、時として残酷である。

どこで一葉の才能は花開いたのか、一葉の人生を振り返ってみよう

　1886年、一葉が14歳の時に、父は旧幕時代の知人の医師を介して、当時噂になっていた文京区小石川の安東坂にあった、中島歌子の歌塾「萩の舎」に彼女を入門させている。一葉の父は、江戸から明治への激動の時代を、抜け目なく生き抜きながら、早くから一葉の並々ならぬ文学的才能と、集中力を見い出していた。しかし、この歌塾は、政治家や軍人といった明治政府における特権階級の妻や令嬢たちが、源氏物語など古典の王朝文学や和歌を学ぶ場として賑わっていたところだった。全盛時代は、千名近い門人がいて、一葉は士族とはいうものの、名ばかりの農民出身だったので、ここでは平民と同じ扱いを受けることになる。この屈辱ゆえに、文才はあるが無口な娘として「ものつつみの君」というあだ名をつけられてしまう。しかし、一葉が発表する短歌はいずれも群を抜いていて、一葉の並々ならぬ才能は、門人の間でも、あっという間に、口々に広まっていったようだ。一葉は、萩の舎で、家事手伝い兼内弟子として働きながら日々文才に磨きをかけていく。ここに、一葉入門当時の様子を、同じ門人三宅花圃が書き記した文があるので、ご紹介したい。

(『一葉を育てた中島歌子の生涯』中島歌子を顕彰(けんしょう)する会編集より引用)

　その日は、私達は(中島先生宅で)五目寿司(ごもくずし)のご馳走(ちそう)になった。その寿司を運(はこ)んだのは、ついぞ見かけた事のないほっそりした、小綺麗(こぎれい)な十五歳位の髪の毛の薄い娘であった。すすめられた五目寿司の盛られた小皿を、ふと見るともなく見るとこんな文句が書きつけてあった。
「清風徐吹来」【清風徐(せいふうおもむ)ろに吹来(ふ)って】何の気なく江崎(まき子)と私とがこの文を読み上げると、前に座っていたその娘は、さかしそうに瞳(ひとみ)を輝かしながら、何となく気まり悪そうな小声で
「水波不起」【水波起(すいはおこ)らず】突差(とっさ)の間(ま)につづけたのであった。
これは有名な赤壁(せきへき)の賦(ふ)の中の文句である。若い娘たちは漢学(かんがく)よりも仏蘭西(フランス)、英吉利(イギリス)の学問を励(はげ)んだものであった。それにもかかはらずこの娘は何といふ小生意気(こなまいき)なことであろう。私達は顔を見合わせて驚いたが、すぐ「これが面白い娘が入って来ましたよと中島先生が先日仰言(おっしゃ)った新参の内弟子なのだ」とさとった。

　なんとも、一葉の様子が鮮やかに甦るような、文章ではあるまいか。しかし、その一葉の劣等感がはち切れそうになる出来事が、入門して半年も経たぬ内におきてしまう。それは恒例の新春歌会の時だった。令嬢たちはどの晴れ着を着て行こうかと躍起になるが、一葉には晴れ着がない。結局、悩んだ末に親に借りてきてもらった古着を着て、歯を食いしばって参加する。一葉には、これくらいのことでは負けない、祖父譲りの反骨精神があった。そんな文学と社交界との狭間で、否応なく一葉の運命は過酷を極めていく。
　1888年に頼りにしていた長兄が亡くなり、翌年に父が事業に失敗、同年に死去。一葉の縁談も父の借金のため破談。次兄は頼りにならず、一葉17歳にして、戸主として一家を養う立場になってしまう。文学を教える講師としてのわずかばかりの報酬をもらいながら、務め先でもある萩の舎の近くに引っ越す。ここが、森鷗外などの明治の文豪たちが移り住んでいた、当時の文学のメッカ、東京都文京区の本郷菊坂と言われるところである。今も一葉が

使っていた井戸や、通った質屋（伊勢屋）などが、ほぼそのままの姿で残されている。萩の舎の跡や、中島歌子の歌碑も残っている。

一葉に残された7年間

　移り住んだ菊坂で、母と妹は必死に針仕事や洗い張りなどをして家計を助けた。一葉は小説を書くことで収入が得られることを知り、20歳で初めての作品『かれ尾花一もと』を執筆。当時の東京朝日新聞小説記者の半井桃水（なからいとうすい）に師事し、処女小説『闇桜』を半井が創刊した機関誌に発表する。半井とは師弟以上の恋愛感情を抱くようになるが、2人の噂が勝手に一人歩きして、いつしか大袈裟に広まってしまう。一葉は意を決して半井との縁を切る。しかし、人一倍感受性豊かな一葉は、人知れずこの初恋の痛手を亡くなるまで負っていたと言われている。その後、『うもれ木』という書き下ろしの小説を発表し、一葉の出世作となる。とはいっても過酷な生活苦からはそう簡単には抜け出られない。ついに一葉は、相場師であり占い師でもある謎の人物に借金をして、吉原遊郭近くで荒物屋のような小さな店を開くが、これまたすぐに閉店。今度は文京区の現・西片1丁目に移り住み、ここが一葉の終（つい）の栖（すみか）になる。一葉は吉原で見聞きした遊女たちの悲喜こもごもと、遊郭で生きる選択肢しかない、時代の底辺にある女たちを題材にして小説を書いていく。

　彼女の代表作ともいえる『たけくらべ』は、「文芸倶楽部」に掲載されるやいなや、森鷗外や幸田露伴らから絶賛を受ける。一葉の家はいつしか文学サロンのようになり、多くの文豪たちが集まるようになるが、そんな女流作家のパイオニアとしての晴れやかな時を味わう間もなく、1896年11月23日に24歳と6カ月の若さで天に召されてしまう。最後まで微熱と咳に苦しまされながら、本人も死んでしまうとはまさか思わずに、必死に筆を執り続けていたのではないか。彼女の遺言は、書簡やメモ書き等をすべて燃やして、残さないことだった。しかし、一葉を最後まで慕った妹のくには、遺言の約束を破り、そのすべての原稿を見事なまでに保管して、後世に残してくれた。

　くには、当時の短歌界の名人と言われた佐佐木信綱主宰の『心の花』に

次のような文章を発表した。(『一葉を育てた中島歌子の生涯』中島歌子を顕彰する会編集より引用)

「姉はほんとうに歌が好きでした。姉はもっともっと深いところまで行きたいと思っていましたが、いろいろなことに追われて、自分の思うようなことは、できなかったのであろうと思います。『短いもので、最も自分の心をこめられているものは歌である』と考えていました。少しでも間があると、歌の本や物語を読んでいました。物語は源氏、殊に源氏ではあの雨夜の品定めが、姉の最も好きなものでございました。」

一葉へのオマージュ

　死ぬまでお金を稼ぎ出すことに血眼になった樋口一葉が、今、涼しげな眼差しで五千円札の上で微笑んでいる。なんという皮肉か、粋な悪ふざけか。彼女の言葉をいくつか最後にご紹介して、一葉へのオマージュとしたい。今度生まれ変わったら、是非ともジョルジュ・サンドのようにしぶとく、長く生きて書いて愛する、マニフェストな人生を送って欲しいと切に願いながら、一葉の短くても凝縮された水晶のような、才能溢れた作家としての人生に合掌。

　ここに、一葉が自分の命亡き後は、焼き捨てて欲しいと妹に懇願した、一葉の書簡の中から、いくつかの言葉を選んでご紹介させていただきたい。
「切なる恋の心は尊ときこと神の如し」
「我れは人の世に痛苦と失望とをなぐさめんために、うまれ来つる詩のかみの子なり」(『塵の中日記』)

　一葉は、24年間の短い生涯の中で、約四千首もの短歌も詠んでいる。ジョルジュ・サンドのように長生きしていたら、どれほど膨大な短歌を詠んでくれたことだろうか。そこには、一貫した一葉のパッションが、最後まで燃え続けていたはずだ。そのパッションとは、いかなる差別にも屈せずに、ひたむ

きに生き抜く貧しい庶民の女性たちへの、作家としての熱い想いであり、そして、男尊女卑の当時の教育に対して、筆も持って挑みかかっていった、一葉の闘志としてのパッションである。最後に一葉の日記の中から、この言葉を選んだ。

「心をあらひめをぬくひて誠の天地を見出んことこそ筆とるものの本意なれ」
(『よもきふにつ記』)

　現代語にすると、心を洗って、目を拭って、誠の天地を見出すことこそ、筆も持つものの本意である、ということだ。つまり、筆を持って何かを伝えることを仕事にするものは、常に心が濁らないようにつとめ、物事の本質を洞察する目を持ち続けて、真実の姿「天地」を文章で表現してこそ、ものかき本懐であるということか。涼しげな瞳の中にキラリと光る、一葉の小説家魂は、時代を超え、普遍的なパッションとして、これからも一葉へのオマージュと共に、受け継いでいかないといけない。

樋口一葉の ゆかりの地

法真寺

一葉はこの寺の隣接地で(現在は駐車場になって跡形もない)4歳から9歳までの5年間を過ごした。この期間は一葉にとって家族的にも一番恵まれた時代だったそうだ。ここの情景とこの寺所蔵の腰衣観音様のことが、小説『ゆく雲』にも出てくる。まだ幼い一葉は当時の寺の若僧さんたちとよく遊んでいたそうで、その若僧のひとりが、『たけくらべ』の中に登場する「信如」のモデルではないかと言われている。

- 東京都文京区本郷5-27-11(東大赤門の前)
- http://www.hoshinji.jp/higuchi_ichiyo

樋口一葉

Ichiyo Higuchi (1872年5月2日～1896年11月23日)

本名は奈津。東京府庁舎で父、則義と母、たきの次女として生まれる。父母の出身地は甲斐国(現在の山梨県)で、農家だった。父はタイミング良く明治新政府の警視局勤務の職を得る。一葉は女子に教育はいらぬとの母の強い要望で、11歳のときに学校をやめる。しかし父の勧めで14歳の時に、中島歌子の萩の舎に入門。それ以降のことは本文で言及。

もちろん日本女性だって！

女性解放の時代のうねりは、音をたてて近づいていた！ 其の2

青鞜社を創設した
女性運動のパイオニア
平塚らいてう

　樋口一葉が24歳で亡くなった時、平塚らいてうは10歳の多感な少女だった。その少女が25歳になった時に、日本女性として少なくても一度は、耳にしたことがあるはずの、次の言葉を文芸界に華々しく発表する。

「元始、女性は実に太陽であった。真正の人であった。今、女性は月である。他に依って生き、他の光によって輝く、病人のような蒼白い顔の月である」

　この言葉は、「青鞜」という雑誌が、1911月9月1日に創刊された際の、平塚らいてうの創刊の辞として巻頭に掲載されている。最後まで全文をここに掲載できないのは残念であるが、この創刊号は当時全国で1000部が売れたと言われており、廃刊までの約5年間で、合計52号が発行された。創刊号の表紙は、後に高村光太郎の妻となる、長沼智恵子が描いている。
　この文芸誌は、まさに日本で初めて女性の自我と独立を押し進める、歴史的使命を担っていたと言える。草創期の女性たちは、与謝野晶子、長谷川時雨、国木田治子、岡本かの子（岡本太郎の母）や、森しげ子（森鷗外の妻）なともいて、堂々たるものだった。1912年の新年号は、本書の98ページでも紹介している日本女優のパイオニア、松井須磨子が、前年に演じて好

評を博したイプセンの「人形の家」にたいする劇評を特集した。まさに、この「人形の家」の主人公のノラこそ、覚醒する新しい女性のアイコンのような存在だったのだ。それを見事に演じきった松井須磨子もまた、新時代を生きる女性のシンボルとして「青鞜」の誌面を華やかに彩ってくれたのだ。私の祖母も幼い頃に、その当時、青鞜社があった小石川の家に連れて行ってもらう機会があったそうだ。そこにたまたま、松井須磨子が来ていることもあったと、生前に興奮して語ってくれたことを思い出す。青鞜社と家が近かったこともあり、すっかり平塚らいてうに傾倒し、度々訪れては、様々な学問的な影響を受けていたようだ。

「青鞜」の苦難の道

　「青鞜」は発刊から約5年間に、何度も発禁処分を受けたり、青鞜社の編集部があった現・文京区の小石川の家に投石をされるなどの非難を浴びたり（特に保守的な男性たちからの）と、決して順風満帆な船出ではなかった。当時のエリート女学生が通う女子英学塾（現・津田塾大学）を創立した、津田梅子も、この青鞜社の活動に関わることを禁止した。あろうことか、らいてうの出身大学である、日本女子大学の成瀬学長も、この「新しい女」を猛烈に批判。1915年に、らいてうは事実婚の相手で、3歳年下の画家、奥村博史との所帯を持つことで、実家を出ることになり、編集と発行の権利を伊藤野枝（いとうのえ）(1895-1923)に譲渡して、「青鞜」の存続を願った。伊藤野枝は、青鞜社に17歳で参加していた。結婚制度を真っ向から否定し、18歳の時に、「青鞜」に『新しき女の道』を発表したりして「自由恋愛」の煽動者として、彗星の如く登場し、注目を集めていた女性だった。野枝は「青鞜」をエリート女性だけでなく、広く一般の女性たちにも受け入れられる文芸誌にしていこうと精力的に進めていたが、1916年に、当時アナキズム運動のスターだった大杉栄（1885-1923）と恋愛関係になり、同棲する等の諸事情で、「青鞜」は無期休刊になってしまった。それから、野枝は夫だった辻潤（つじじゅん）との家庭を棄てて後に離婚し、大杉との子どもを4人産み育てる。それだけで

なく、野枝は大杉栄との共著『二人の革命家』なとの他、多くの評論や、小説、翻訳本をも刊行している。1922年に大杉栄はフランスに一時脱出するが、1923年にフランスからも国外退去処分になって帰国する。その年の9月16日、関東大震災が9月1日に起きたばかりの、未曾有の大混乱の最中に、伊藤野枝は、大杉と彼の甥の橘宗一(たちばなそういち)と共に、憲兵に連行されて虐殺される(甘粕事件)。野枝は28歳、大杉栄は38歳の仕事盛りだった。

平塚らいてうの飽くなき挑戦

　話を平塚らいてうにもどそう。「青鞜」が廃刊になっても、彼女は怯んではいなかった。信念のままに新たな行動を、実はすでに開始していた。それは、第一次世界大戦が終結した2年後、1920年に創設した「新婦人協会」だった。これは、市川房枝や奥むめお等が参画し、堂々と女性が政治的な活動をする権利を要求し、「婦人参政権」と「母性の保護」を主張するための協会だった。しかしこれが具体的に実現するのには、第二次世界大戦の敗戦を待たなければならなかった。1945年にマッカーサー元帥による五大改革の指令の中に、「参政権賦与による日本婦人の解放」が盛り込まれており、これにより日本で初めて女性の結社権が認められ、女性の国政参加が認められた。そして、1946年に戦後初の衆議院選挙が行なわれ、日本初の女性議員39名が誕生するのだ。この日が実現するまでに、どれだけ多くの女性たちの熱情と、時間と、エネルギーが捧げられてきたことか。女性解放のための運動の最先端をひた走ってきた、らいてうは、この日をどんな気持ちでむかえたのだろうか。実は1921年に、自分が立ち上げたこの協会を市川房枝に委せ、運営から退いていた。そして1922年にこの協会は解散し、らいてうは執筆家としての人生を、事実婚の人生の伴侶である奥村博史と、静かに送っていた。しかし、らいてうは、日本の従来の結婚制度に最後まで抵抗し、夫婦別姓のままで、平塚家から分家して彼女が戸主となり、奥村との2人の子どもを、自分の戸籍に私生児として入れている。そして、生涯「女たちはみな一人ひとり天才である」の信念のもとに、子どもたちを立派に

育て上げながら、戦後は様々な平和運動のために尽力した。孤高の女性活動家として、終生、その思いを書き残すこともやめなかった。85歳になったらいてうは、自伝を口述筆記で執筆中に亡くなってしまった。樋口一葉亡き後、新たな「天」にむかって挑み続けた、大いなる女性のひとりとして、忘れてはなるまい。らいてう誕生の22年後に、シモーヌ・ド・ボーヴォワールがパリで誕生し、女性運動家として活躍することになり、世界的にも影響を与えた。84ページの章を参考にしてほしい。

平塚らいてうの ゆかりの地

青鞜社発祥の地

現存する建物は何もないが、この地に青鞜社があったことを記念する碑が建っている。

・東京都文京区千駄木5-3-11

平塚らいてうの ゆかりの地

擇木道場(たくぼくどうじょう)

若き日の平塚らいてうが禅の存在を知り、文京区千駄木から歩いて15分の谷中にあった「両忘会(現在の擇木道場)」に通い始め、修行をみとめられて、慧薫(えくん)という道号を授かっている。今も女性のための禅教室を開催している。

・東京都台東区谷中7-10-10

平塚らいてう

Raicho Hiratsuka (1886年2月10日〜1971年5月24日)

本名は平塚明(ひらつかはる)、東京の麹町(現在の東京都千代田区五番町)で明治政府の会計監査院に勤務する高級官僚の3姉妹の末娘として生まれた。平塚家は、戦国時代に豊臣秀吉の有力な家臣として活躍し、関ヶ原の合戦において、西軍の武将として戦った平塚為広の末裔。日本女子大学を卒業し、22歳の時に夏目漱石の愛弟子の文学者、森田草平と心中事件をおこし(塩原事件)、この事件により彼女の名前は広く知られてしまったが、その後女性解放のためのフェミニストとしても、作家としても活躍。彼女の運動を思想的にインスパイアし続けたのは、スウェーデンの女性運動家のエレン・ケイ(Ellen Key 1849-1926)である。日本では『母性の復興』という書名で翻訳出版されている。

ビタミン
VITAMINE

P

PORTE-DRAPEAU（ポート・ドラポウ／旗手）

戦後のフェミニズムの旗手として、新時代のフランス女性を勇気づけた

par シモーヌ・ド・ボーヴォワール

人は女として生まれるのではない。女になるのだ。
（『第二の性』）

On ne naît pas femme. On le devient.
("Le Deuxième Sexe")

自由な女というのは、軽薄な女の対極にある。

Une femme libre est exactement le contraire
d'une femme légère.

人類の最大の害毒は、無知というものではなく、
それを知ることを拒否することだ。

Le principal fléau de l'humanité n'est pas l'ignorance,
mais le refus de savoir.

人間は、時間を操るべきであり、
時間の奴隷になってはいけない。

L'homme doit être maître du temps, pas son esclave.

平塚らいてうよりも、遅れて登場し、世界的に有名になったフェミニスト

　女性解放運動の思想・哲学的な旗手となった、シモーヌ・ド・ボーヴォワールは、平塚らいてうよりも、22年遅れてパリで誕生している。世界的にも有名な名言「人は女として生まれるのではない。女になるのだ(『第二の性』)」を発表してセンセーションを起こしたのは、1949年。平塚らいてうは、この時にすでに63歳になっている。そう考えると、女性の社会進出において、フランスという国は最先進国のイメージが今は強いが、意外や意外で、歴史を振り返るとそうでもなさそうだ。平塚らいてうが1911年に「青鞜」の創刊号に発表した「元始、女性は実に太陽であった」のくだりは、一言ですべてを表現していて、素晴しいではないか。まったく負けていない。女性としての生き方においても、生涯事実婚のままで、日本の家制度の結婚の在り方に挑戦しつづけた、孤高の文学者でもあり、あっぱれである。しかし唯一、ボーヴォワールにあって、平塚らいてうになかったものは、思想的にも、哲学的にも影響を与えることができる、社会的なインパクトのあるパートナーの存在である。ボーヴォワールにはそれがあった。ボーヴォワールがパリの高等師範学校(École normale supérieure)で出会った、ジャン・ポール・サルトル(Jean-Paul Sartre 1905-1980)の存在だ。2人はいつもクラスの成績の1番と2番を競い合

シモーヌ・ド・ボーヴォワール

Simone de Beauvoir (1908年1月9日〜1986年4月14日)
ジャン・ポール・サルトルのパートナーで、女性の自立と独立を促した20世紀を代表するフェミニズムの作家、哲学者。生涯結婚の形態に捕われない、自由な個と個が尊重し合う、新しい形の事実婚を貫き、50年間男女を超えた関係を続けた。代表作は『第二の性』など多数。

う程優秀だった。それぞれの両親も、同じくらいブルジョアで、同じように厳格な教育を受けてきた2人だった。

　1928年には、大学の講師になるための、アグレガシオン（一級教員資格）の哲学科を、首席で合格するサルトルと、なんと2位で、女性としては史上最年少で合格する21歳のボーヴォワールがいた。2人はこの頃から恋愛関係になり、1929年に、サルトルから2年間だけの契約結婚をしようと申し込まれ、ボーヴォワールはこれを受け入れて締結する。

実存主義のヒーロー、サルトルと、フェミニズムの旗手、ボーヴォワール

　契約結婚後、2人はそれぞれ違う場所で、高校教師となり、お互いに魅力的な生徒たちと恋愛ゲームを楽しんだりしていた。ところが、ボーヴォワールは、未成年の女生徒を誘惑した女性教師として、彼女の職場で発覚してしまい、永久に高校で教える資格を剥奪されてしまう。サルトルは、ルアーブルのリセで講師をしながら、ドイツのベルリンに留学して現象学を学んだりしていた。そして1938年に処女作の小説『嘔吐（原題はLa Nausée）』を出版して、あっという間に有名になってしまう。そんな中、サルトルは第二次世界大戦のための兵役で召集されるが、1940年にドイツ軍の捕虜となり、翌年に偽の身体障害証明書を医師に作ってもらって、釈放された。それからは次々と問題作を執筆しては発表し、ボーヴォワールもそれを陰ながら助けることになる。終戦後に2人は、「レ・タン・モデルヌ（Les Temps Modernes）」というコンテンポラリーな文学のための雑誌を創刊する。この雑誌の中で、さらに様々な評論や、戯曲を発表し、サルトルの実存主義は、世界的にも認められるようになり、渡米も度々する程の、新時代の哲学のスターになる。この雑誌の編集長として

も、サルトルを必死に支えてきたボーヴォワールだが、サルトルからの強い要望もあり、彼女自身の出世作を出版する準備を始める。そして、1949年に満を持して『第二の性』が出版された。ここに、かの有名な名言「人は女として生まれるのではない。……」が含まれているのだ。ボーヴォワールはこの時すでに41歳になっていた。この本も、サルトルの大いなる推薦の力もあり、あっという間に有名になり、世界各国で翻訳されて、世界中で読まれるようになる。1954年には、フランスの文学賞の中でも大変権威がある、ゴンクール賞を受賞している。

サルトルはというと、1964年に、ノーベル文学賞に選ばれたにも拘らず、受賞を辞退している。ノーベル賞だけでなく、すべての公的な賞はことごとく辞退。

彼はノーベル賞に対して「資産家層によって作られた儀式にすぎない」と一刀両断。そのことがさらに、彼の哲学的なかっこ良さとなり、ボーヴォワールとともに、先進的なフランス人の心を掴み、憧れの的になる。

2年契約の結婚が、50年間続いてしまった2人

彼らが時間を一緒に過ごした、パリのサン・ジェルマン・デ・プレ教会の直ぐ近くのカフェ・ド・フロールでは、何を話す訳でもなく、お互いに別々の方向を見つめながらも、そこに一緒に佇んでいる、なんともいえない様子が、多くの人の心の中の記憶に残っているという。本書の60ページで紹介したジュリエット・グレコも、このカフェで、この2人と出会い、幸運にも見い出された歌手だ。サルトルは、歌手になるグレコのために、詞を書いて贈ってもいる。

ボーヴォワールも、駆け出しの無名の女流小説家、ヴィオレット・ルデュック（Violette Leduc 1907-1972）の才能を見い出し、彼女のキャリアを助け、出版社を紹介して、本を出版させた。特に彼女の私小

シモーヌ・ド・ボーヴォワール

説としての問題作『私生児(原題は La Bâtarde)』は、フランスで出版された2年後に、日本語にも翻訳されたくらい話題になった。なんと500ページに及ぶ大作で、ボーヴォワールの序文も、20ページ近くにもなる力作である。ボーヴォワールの支援のおかげで、彼女は小説家として生活できるようになった。その経緯は2013年に制作された仏映画「ヴィオレット ある作家の肖像(原題は Violette)」を見るとわかる。ボーヴォワール役の女優が、見事に彼女を演じている。この映画の監督は、フランスで幾度もセザール賞を受賞しているマルタン・プロヴォ(Martin Provost)。彼が言った言葉がまたいかしている。それは、「人はその人の一生を通して芸術家になっていくのだ」だ。日本でも 2015 年に岩波ホールなどで上映されている。

　話は戻って、サルトルとボーヴォワールは、その後も、2人とも思想的なパートナーとして連れ添い、1980 年にサルトルを看取ってから、ボーヴォワールもその6年後にパリでひっそりと亡くなる。2人の墓は、モンパルナス墓地の中にあり、墓石には2人の名前が刻まれている。結局2人は、2年間の契約結婚から、永遠の墓場まで、連れ添ってしまったようだ。ボーヴォワールの凛として上品な姿は、今もYouTube等で見ることができる。髪の毛をきりっとまとめ、スカーフや、ターバンのようなアクセントを髪の上にまいた独特なスタイルは、まさに彼女そのもの。大変お洒落でもあったボーヴォワールは、戦後のパリジェンヌたちのファッション・リーダーでもあった。今日も、パリジェンヌの心の指針として、生き続けていることを、パリにいると強く感じる。

　サルトルがパートナーとしていてくれたことは、確かに、重要な要素かもしれないが、ボーヴォワールがひとりであったとしても、平塚らいてうのように、きっと新時代の女性の味方として、フェミニストの旗手になっていたに違いないと、思うのは私だけだろうか？

| シモーヌ・ド・ボーヴォワールの **ゆかりの地** | **ル・ドーム**（Le Dôme） |

モンパルナスのキキの章の中でも紹介しているが、このカフェの上の2階で、ボーヴォワールは誕生したと言われている。詳しいことは55ページを参照。

| シモーヌ・ド・ボーヴォワールの **ゆかりの地** | **カフェ・ド・フロール**
（Café de Flore） |

彼らの映画「サルトルとボーヴォワール 哲学と愛」の原題になるほど、彼らが2人の思索の時間を、過ごしたことで有名なパリのカフェ。

・172 boulevard Saint-Germain 75006 Paris
・http://cafedeflore.fr

| シモーヌ・ド・ボーヴォワールの **ゆかりの地** | **レ・ドゥ・マゴ**（Les Deux Magots） |

2人が時間を過ごした、もう1軒のカフェは、カフェ・ド・フロールの直ぐ隣にある。こちらのテラス席からは、サン・ジェルマン・デ・プレ教会がよく見える。

・6 place Saint-Germain-des-Prés 75006 Paris
・http://www.lesdeuxmagots.fr

シモーヌ・ド・ボーヴォワールとサルトルに関する映画

「サルトルとボーヴォワール 哲学と愛（原題は Les Amants du Flore）」は、2006年にフランスがテレビ用に制作した伝記映画。日本でも2011年に劇場公開された。DVDで見ることができる。

「サルトルとボーヴォワール 哲学と愛」
発売元：ミッドシップ
販売元：紀伊國屋書店
価格：4,800円+税

パリジェンヌの縁起かつぎ

ドライで合理的なイメージの現代のパリジェンヌだが、
意外にも縁起をかつぐことが多くて、びっくりすることがある。
以下はその例の一部だが、日本にも伝わっているものもある。少し信じてみては？

幸運を呼ぶ

幸運を祈る時に、同時に近くにある木を触る。
（木のテーブルでも木の柱でもなんでも良い）
Toucher du bois en faisant un souhait.

四つ葉のクローバーをみつける。
Trouver un trèfle à quatre feuilles.

白いガラス製品を壊す。（自発的でも、偶然でも、磁器のものでも良い）
Casser du verre blanc.

犬の糞の上を左足で踏む。（これはパリに行った時に是非！ パリ名物）
Marcher du pied gauche sur une crotte de chien.

水兵帽の赤いボンボンの飾りをさわる。
Toucher le pompon rouge du béret d'un marin.

てんとう虫が飛ぶのを見る。
Voir une coccinelle s'envoler.

パジャマを着るときは右足から、心地良い夜になる。
Mettre son pyjama par le pied droit, ferait passer une nuit agréable.

お塩のかわりにお砂糖をおくと、良い知らせが届くだろう。
Mettre du sucre à la place du sel, serait l'arrivée d'un bonne nouvelle.

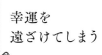

幸運を遠ざけてしまう

新しい服を金曜日に着始める。
Mettre des habits neufs un vendredi.

パン（バゲットのこと）を裏向きにテーブルの上に置く。
注）切り目の模様が入っているのが表面。
Placer le pain à l'envers sur la table.

塩をテーブルの上でこぼしてしまう。
Renverser du sel sur la table.

黒猫と夜にすれ違う。
Croiser un chat noir la nuit.

梯子の下を通る。
Passer sous une échelle.

菊の花かカーネーションを贈る。
Offrir des chrysanthème ou des œillets.

帽子をベッドの上に置く。
Poser son chapeau sur un lit.

傘を室内でひろげる。
Ouvrir un parapluie dans une maison.

鏡を割ってしまうこと。これは7年間の幸運を遠ざける。
Casser un miroir = 7 ans de malheur.

2本のナイフをテーブルの上で交差させる。
Croiser deux couteaux sur une table.

13番というナンバー。
Le numéro 13.

ビタミン
VITAMINE

QUAND MÊME（コン メム／にもかかわらず）

ジェンダーを超える表現力と信念で
舞台女優の先駆けになった女優魂

par サラ・ベルナール

心配しなくてよいのよ。
あがってしまうのは、才能にあふれている証拠だから。

Ne vous en faites pas,
le trac viendra avec le talent.

命は命を生み出す。エネルギーはエネルギーを創り出す。
自分自身に惜しみなくエネルギーを費やすことで、
人生は豊かになる。

La vie engendre la vie. L'énergie produit l'énergie.
C'est en se dépensant soi-même qu'on devient riche.

にもかかわらず！

Quand même!
（最悪な状況であったとしても、彼女は口癖でこの言葉を発して、
彼女自身を鼓舞して打開策を見つけるまで闘っていた）

私は私のやりたいようにやるだけ。
だって私はサラ・ベルナールなんだもの。

Je veux faire ce que je veux,
puisque je suis Sarah Bernhardt.

スキャンダラスな怪物と言われながらも
世界的な名声を得た女優

　サラ・ベルナールほど国民的英雄であり、世界的にも有名になった舞台女優は、歴史上、未だ登場していないかもしれない。彼女が活躍したのは、19世紀末から20世紀初頭のベル・エポックと呼ばれる時代である。当時、1889年のパリ万国博覧会に合わせて建設されたエッフェル塔の人気もさることながら、「パリに行ったらエッフェル塔とサラ・ベルナールだけは見に行くべし」と言われたくらいに、サラ・ベルナールはまさにフランスを代表する広告塔のような存在だった。そんなサラの生い立ちはミステリアスでもある。

　高級娼婦館に出入りしていた母親は、富裕層の男性の恋人になるのがお仕事。何人ものスポンサーを持って優雅な生活を送っていたようだ。サラは私生児で、父親は誰だか分からない。子どもの時、母親から一方的に育児放棄をされたサラは、カトリック系の厳格な修道院で教育を受ける。女優になる夢をただひたすら心の支えにしながら美しく成長していった。彼女が1844年に生まれたとされるパリ6区のレコール・ド・メディシーヌ通り5番地(5 rue de l'École-de-Médecine)に行くと、

素顔のサラ・ベルナール

サラ・ベルナール

Sarah Bernhardt　(1844年10月22日～1923年3月26日)

フランスのベル・エポックを代表する、国民的舞台女優。世界中の公演を成功させ、特に男役のハムレットは各地で絶賛された。晩年は片脚を失いながらも、サイレント映画女優の先駆け的存在となる。フランス史上初めて国葬された女優でもある。

サラ・ベルナール

Q

「ここでサラ・ベルナールは生まれた」と刻まれたプレートが今も残っている。残念ながらここは現在ではパリ市管轄のカルチャースクールらしき施設になっており、彼女に関する資料は何も残ってはいない。

幸運なことに、サラ・ベルナールの魂に触れたとも言えるような思い出がある。サラが頻繁に出演していた国立劇場、コメディ・フランセーズは今でもフランスを代表する名高い劇場だが、そこの総支配人を

サラが舞台に立った、1680年に創立されたヨーロッパでも最も歴史があるコメディ・フランセーズ

1993年から2001年まで務めていたジョン・ピエール・ミケール氏 (Jean-Pierre Miquel 1937-2003)を訪ねた時のこと。個人的に親しくしていたこともあって、関係者以外は絶対に立ち入ることができない劇場内の聖域に入れてもらうことができた。サラに思いを馳せながら、優雅なカーブと装飾で彩られた大理石の階段を上り、やっとの思いでミケール氏の部屋がある階に到着しようとした時、その階段の踊り場で大きな美しい女優の肖像画と遭遇。直感的に「サラ・ベルナール!」と大声で叫んでしまった。金縛りにあったかのようにこの絵の前からしばし離れることができなかった。白い優雅なドレス姿の肖像画を見つめていると、サラの栄光も挫折も知っているこの劇場には、今もサラの大女優魂が息づき、メラメラと燃えているように感じた。ミケール氏も、この肖像画のサラに、時々残酷なほどのお叱りを受けたり、励まされたり、はたまた熱烈な投げキッスを頂戴することもあったとか。「大女優サラ・ベルナールは、いつもここにいるわよ!」と言わんばかりに。

この時の衝撃は、今もミケール氏の思い出とともに忘れることはできない。劇場の前を通る度に、白いドレスをまとったサラに会いに行きたい衝動にかられるのである。

フランスにとっても、ジェンダーを超えたモンスター的存在？

　このコメディ・フランセーズは、1680年に「太陽王」ルイ14世によって結成され、創立当初は王立劇場と呼ばれていた。世界に誇る最古の劇場のひとつであり、ここの舞台に立つためには、パリ9区にある、ヨーロッパで最高峰の国立演劇大学院(Le Conservatoire National Supérieur d'Art Dramatique)を優秀な成績で卒業しなければならない。ジョン・ピエール・ミケール氏曰く、サラもこの大学の教授になったことが一度だけあったが、授業には遅れるは、色恋沙汰で突然キャンセルをするは大騒ぎ。演技指導といえば、「何であなた、できないの？」としか言わなかったとか。ついに生徒たちからクレームが来て、教授職は辞めてしまったそうだ。それでも、舞台に立った時のサラのモンスター級のカリスマ性と、圧倒的な存在感、そしてヴィクトル・ユゴーに「黄金の声」と言わしめた美しい声には誰もが「脱帽Chapeau（シャ

コメディ・フランセーズの側面に飾られたフランスを代表する劇作家たち。写真はサラが演じて金字塔を建てた「フェードル」の作者、ラシーヌ

サラ・ベルナール

ポー)!」し、拍手喝采を送った。また、シェークスピアの「ハムレット」で、男役のハムレットを演じて大成功。ジェンダーを超えた存在として、フランスのみならず、世界での名声をほしいままにした。

そんな栄光の中、1905年の南米の公演中に右脚を痛め、それが原因で右脚を膝上から切断する不幸に見舞われてしまう。それでもサラは「Quand même!(にもかかわらず!)」と舞台に立ち続けた。夏は南ブルターニュのベル・イル(Belle-Île-en-Mer)に長期で滞在することを楽しみにしていたサラ。そこでは、絵筆をとって一心不乱に油絵を描いたり、彫刻を彫って埃まみれになったりして、演劇以外の芸術でも才能を見せる。そんな夏休みのサラに会いに来る人も多く、サラは遠路はるばる来てくれる客人に対し、サラ流の独特な方法で歓迎の意を示していた。一番のお気に入りは、真っ赤なバラを飾った棺桶の中で昼寝しながら客人を待つ方法。客人が棺桶の中にいるサラを発見して飛び上がる様を見て、サラは大笑いして楽しんだのだとか。

棺桶の中で昼寝するサラ

客がいなくても、「棺桶の中が一番静かで安らかになれる」と、ご自慢の昼寝場所だったそうだ。

サラは晩年まで世界の舞台に立ち、78歳で惜しまれながらこの世を去った。サラの葬儀は、当時としては希有なことだが、国葬として約2日間も続いたという。今度は本物の彼女の遺体が入った棺桶が、見事な花々に飾られた立派な霊柩車に納められ、パリの思い出の地を巡り、何万人ものファンが涙で彼女に最後の別れを告げたという。知人の某フランス女優は、「サラは自分自身のプロモーション術に非常に長けており、ス

キャンダラスな恋愛事件も何もかも、宣伝の武器にしていた。セルフ・プロデュースの感覚を持った女優だった」と言っていた。さらに、劇場の「ポスター」という宣伝ツールを最初に生み出したのもサラだ。まだ無名で貧しかったチェコの画家、アルフォンス・ミュシャに、彼女をデフォルメしたポスターを描かせて有名にした。

　ベル・エポックという贅沢な時代の中、大輪の花のように咲き誇ったサラ。どんなに苛酷な状況に置かれようとも、「Quand même！（にもかかわらず！）」の一言で立ち上がり続けた女優魂は、今でも人々の心を捕え続けている。

| サラ・ベルナールのゆかりの地 | 南ブルターニュの避暑地、ベル・イルにあるサラの別荘 (Belle-Île-en-Mer) |

海沿いに、サラが船に乗って訪ねてくる彼女の客人を迎えるための「サラの椅子」なるものがある。石でできたベンチのようなもので、ここに座ってみると彼女のモンスター的パワーに与かれるかもしれない。家の中には入れないが、外観だけでも見る価値がある。

・http://www.belle-ile.com

もちろん日本女性だって！

サラと同時代を生きた日本の女優 松井須磨子

　時の流れとともに、その時代を象徴する「女優」の名前は移り変わり、諸行無常の理のごとく忘却の彼方に追われてしまうのも、彼女たちの避けがたい運命と言えるかもしれない。

　しかし日本の演劇の歴史の中で、忘れてはならない女優がいるとしたら、松井須磨子の名前を一番に挙げたいと思う。明治の文明開化のうねりの中、日本の近代化を促進する舞台女優のパイオニアとして、時代とともに花咲いた女優、それが松井須磨子。1886年に長野市松代町に士族・小林藤太の家の9人兄弟の五女(末っ子)として生まれ、厳しい教育を受けながら幼少期を過ごすも、5歳の時に養女に出されて、その後、養父は亡くなってしまう。仕方なく実家に戻ると、今度は実父が突然亡くなるという、思春期にしてすでにこの世の辛酸をなめた女性。もちろん、前述のフランスのサラ・ベルナールとはまったく違う環境ではあるが、彼女も心の中の父親不在の孤独を、人知れず抱えたまま青春期を過ごしたのではないだろうか。須磨子自身が書き下ろした『牡丹刷毛』という著作の中にも、その気持ちを表す記述がいくつもあり、サラと多少なりとも似ているところがあるように思う。

　そして、須磨子も子どもの頃から、新しい時代の女性として、男性と肩を並べて仕事をしてみたいと強く願っていたようだ。ちょうどその頃、舞台

演劇の役者が新職業として話題になっていた。彼女は「この新しい職業に就いて、世間の脚光を浴びたいと強く念じていた」と自身の本に書いている。もちろん、歌舞伎や舞踊を中心とした役者はすでに日本に存在していたが、明治を代表する文学者、坪内逍遙が提唱したのは、近代の世界の脚本（シェークスピアやチェーホフなど）を演じられるような、新しい俳優育成の必要性だ。これはその後の新劇運動の母体になるほどの、革新的な演劇ムーヴメントとなり、当時の社会的・文化的な話題を誘った。逍遙は日本中から教養と志の高い子女を募集し、1906年に日本で初めての演劇研究所「文芸協会」を、東京の自邸内に私財を投じて開校した。1909年、その栄えある1期生として入学したのが松井須磨子。23歳の春だった。

日本でのスキャンダルに潰されてしまった松井須磨子

　須磨子は、逍遙の肝煎りで開校した演劇学校に入学するまでに、すでに結婚・離婚を経験し、入学前に再婚した演劇教師とも、文芸協会の1期生になってすぐに離婚してしまう。そればかりか、当時はとても珍しかった鼻を高くする整形手術をした女優第1号でもある。そんな根性の据わった須磨子は、文芸協会で上演するシェークスピアの「ハムレット」のオフィーリア役や、イプセンの「人形の家」の主人公ノラ役等で時代の寵児となり、新時代の女性解放のアイコンにまで登り詰めていく。文芸協会の幹部で、逍遙の右腕であり欧州研修の経験もある有能な演出家、島村抱月と深い恋仲になり、2人は逍遙への恩義を裏切る形で1913年に独立し、須磨子が27歳の時に「芸術座」を旗揚げする。
　翌年、トルストイの「復活」の劇中歌「カチューシャの唄」が大当たりして、なんとそのレコードが当時の日本で2万枚も売れたというから驚きだ。これはまさに、劇中の主題歌をレコードにした日本における第1号でもあった。彼らは思いもよらぬ財を成し、韓国や中国などのアジア公演も成

須磨子が気に入っていた和服の写真　早稲田大学演劇博物館所蔵

功させたが、抱月とは不倫関係であったので、常に過酷な世間の批判とも闘っていた。その最中、1918年に世界的に流行したスペイン風邪にかかって、抱月は47歳の若さで病死してしまう。須磨子は独力でこの「芸術座」を続行していこうと、一度は意を決して孤軍奮闘するのだが、それから2カ月後の1919年1月5日に協力者を得られぬまま、孤独の中で命を絶ってしまう。その時須磨子はあと2カ月で33歳になるところだった。

　舞台照明のパイオニアの故・遠山静雄先生から、須磨子の最期の話を伺ったことがある。彼は当時、須磨子の「芸術座」のすぐ裏手に住んでいて、彼女が首を吊る際に、木の椅子を思い切り蹴った音を偶然聞いてしまったそうだ。その不気味な音は一生彼の耳から離れないほど悲しい音だったと。

　須磨子と同じ舞台に立った、坪内逍遙の養女である、故・飯塚くにさんからも須磨子の話を聞く幸運に恵まれた。くにさんは遠くをじっと見つめながら須磨子との思い出を話してくれた。抱月が急逝した後、憔悴しきった須磨子がくにさんの鎌倉の腰越にある家に訪ねてきたことが一度だけあったそうだ。今までの逍遙の恩に対して、今も深く感謝していることと、抱月と一緒に独立して劇団を旗揚げして、恩を仇で返してしまったことを、心から詫びたいと泣き崩れたという。かつての強気な須磨子の面影はどこにもなく、ただ哀れさばかり。くにさんは、その須磨子の姿を一生涯忘れることができなかったそうだ。その日から1カ月も経たぬうちに、須磨子

は縊死してしまう。一生かかっても使いきれないくらいの莫大な財産を残したまま。

怪物と言われながらも、堂々とスキャンダルを肥やしにしたフランスの女優、サラ・ベルナールと、ひとりで取るだけの責任をすべて取って、人生の幕を静かに閉じた須磨子。抱月は亡くなる前に須磨子にこう約束したと言われている。「病気が治ったら、一緒にパリに行ってサラ・ベルナールの芝居を観よう。須磨子がもっと良い女優になるために」と。

須磨子はサラに会うことなく、この世に別れを告げてしまった。須磨子の死は女優の最期というよりも、士族の娘として生まれた女の潔い覚悟を感じる。せめて本書を通して松井須磨子の、たとえ活躍した期間が短くても、日本の歴史に残る演劇的偉業の数々を忘れることなく、語り継いであげたい。日本とフランス、2人の演劇の女戦士たちに、この場を借りて心から深い祈りを捧げる。

松井須磨子

Sumako Matsui （1886年3月8日〜1919年1月5日）

日本の新劇女優。16歳で長野から上京し、麻布飯倉町にあった「凮月堂」というお菓子屋で働きながら、戸板裁縫学校（現在の戸板女子短期大学）に入学。17歳で最初の結婚をするが、1年で離婚。女優になりたいという夢が芽生え、当時は最新の隆鼻術の手術を受けて、1909年に坪内逍遙の文芸協会の第1期生になる。この時に再婚した相手がいたが、女優業に集中するため、2度目の離婚。1911年に主演した「人形の家」で国民的スターに。1913年に恋仲の演出家、島村抱月と「芸術座」を立ち上げて、日本全国での巡演のみならず、アジアでも成功をおさめる。抱月が病死してから2カ月後に後追い自殺をする。

VITAMINE R
ビタミン

RÉVOLUTION（レヴォルーション／革命）

フランス貴族社会の美のミューズから、悲劇的な革命のヒロインとなった波乱の女王

par マリー・アントワネット

*死刑は犯罪者にとっては恥ずべきものですが、
無実の罪で死に赴く私にとっては、
恥ずべきものではありません。子どもたちには、
私たちの死に対して復讐するという気持ちを
絶対に起こさないように伝えてください。
さようなら、さようなら。*

Pour les criminels, il est honteux de subir la peine de mort, mais, ce n'est pas le cas pour moi qui suis innocente même si condamnée à mort. Dites à mes enfants de ne jamais avoir l'intention de me venger. Au revoir, au revoir.

（恋人と噂されたアクセル・ドゥ・フェルセン伯爵に送った最後の手紙）
*私の親愛なる心優しい友よ。
「私はあなたを熱烈に愛していて、
あなたを愛さずに過ごすなんて決して決してできない」
と言って、私は死ぬのでしょう。*

(Dans la dernière lettre que Marie-Antoinette a écrite au comte Axel de Fersen) Je vais finir non pas sans vous dire mon cher et bien tendre ami que je vous aime à la folie et que jamais je ne peux être un moment sans vous adorer.

間違って伝わっているマリー・アントワネットのイメージ

　この本のマリー・アントワネットの言葉の中に、あの有名なセリフ「パンがなければお菓子を食べれば良いじゃない」がないと思った方も多いだろう。当時のフランスは大不作で小麦の値段が高騰し、民衆は食糧難で餓死する者までいた。そんなことも知らずに、フランス王妃がこの言葉を言ったとしたら、民衆の心を逆なでして、革命のひとつやふたつ起きてもおかしくはない。しかし、これにはダブルトリックが隠されている。まずひとつ目は、この言葉の原文を忠実に仏語訳すると、「パンが食べられなかったら、ブリオッシュを食べれば良いじゃない」なのだ。つまり、パンを作る原料の小麦の値段が高騰して買えないなら、パンよりも質の落ちる安い小麦を使って作れるブリオッシュを食べれば良い、ということになる。今の感覚では、バケットなどのパンよりもブリオッシュの方が高価なイメージがある。しかし、当時のブリオッシュはパンの半額だったようで、フランスの法律に「パンが高騰した場合には、パンをブリオッシュと同等の値段まで値下げするように」とまで書いてあるそうだ。

　それだけでも大いなる誤解なのだが、もうひとつのトリックは、この有名な言葉自体がマリー・アントワネットの言葉ではないということだ。フランス革命における自由思想を大いに啓蒙した思想家、ルソーが書いた『告白』の中にこんな文章がある。「やっとの思いで、私はかの身分が大変高い女性の言った言葉を思い出した。この女性は農民が食べるパンに事欠くと聞かされて『ブリオッシュを食べれば良いじゃない』と言ったのだ」。しかし、この当時マリー・アントワネットは9歳の少女で、フランスへ

マリー・アントワネット

Marie-Antoinette　（1755年11月2日～1793年10月16日12時15分）
オーストリア・ハプスブルク家の女帝マリア・テレジアの11番目の娘としてウイーンで誕生する。14歳でフランス皇太子と政略結婚。4年後、ルイ16世の即位によりフランス王妃となるが、フランス革命により37歳でギロチン刑に処された。

のお輿入れすらも決まっていない。つまり、これを言ったのは、ルイ14世の王妃マリー・テレーズか、ルイ15世と王妃マリー・レクザンヌの娘、マダム・ソフィーあたりではないかと推測されるのだ。それがいつの間にかマリー・アントワネットの言葉として広まったと思われる。

マリー・アントワネットの真実の姿は

このダブルトリックの真実を私に教えてくれたのは、フランスの大学院に入学するための勉強を教えてくれた家庭教師のミッシェル先生だった。彼女のライフワークはマリー・アントワネットの真実の姿を証明するというもので、授業の後に彼女の話を聞くのがいつも楽しみだった。ミッシェル先生は長年勤めた高校教師を引退したあと、年金と自由な時間を活用し、マリー・アントワネットが建設した病院や孤児院など、貧しい子どもたちを守るために彼女が行った社会活動の実績をフランス全土で調べ上げていた。その資料は膨大で、ミッシェル先生のワードローブの中にあった溢れんばかりの書類を見せてもらったことがある。そしてそのワードローブにはいつも厳重な鍵がかけられていた。ミッシェル先生は、「いつの日か、このすべての資料を信頼のおける出版社に渡し、マリー・アントワネットの真実の姿を本にして発表したいの。でもマリー・アントワネットを無知で浪費家のバカなお姫様のイメージにしておいた方が都合の良い輩がまだまだ多くて、今はできない。だからその日まで鍵をかけて守るしかない」と言っていた。その時の彼女の瞳には、革命的な炎がキラリと光り、まるで共犯者のような興奮を覚えたものだった。

マリー・アントワネット37年の人生最後の書簡を解明

池田理代子女史の『ベルサイユのばら』の大ヒットで、フランスに行くと

ヴェルサイユ宮殿に必ずお参りする日本人ファンが後を絶たないようである。もちろんオスカルやアンドレは架空の人物であるが、池田理代子女史が作品の中でも取り上げていた、マリー・アントワネットとフェルセン(本書では、フランス語の発音で「フェルセン」と記す)の恋物語は、真実であったことが最近の

マリー・アントワネットとフェルセンの恋文の資料を公開し、研究するという記事が掲載された「フィガロ」新聞

調査で解明されてきている。運良く、本書を執筆中のある朝、パリから1通のメールが届いた。それは「フィガロ」という新聞が発表した、マリー・アントワネットが死ぬ直前の書簡についての記事だった。

「1791年にマリー・アントワネットがヴァレンヌ(Varennes)で捕まってパリに連れ戻され、チュイルリーに幽閉されていた時に、彼女はスウェーデンのアクセル・ドゥ・フェルセン伯爵(comte Axel de Fersen 1755-1810)との秘密の文通を再開した。彼には、王妃の友、単に好きだった人、愛人など様々な噂がある。この時に交わされた手紙は全部で13通あり、王妃からは6通、フェルセンからは7通だった。これらは国立資料館に大事に保管されているのだが、複数の文字や、文章、パラグラフなどが全体的に線を引かれて黒く塗り潰されており、今まで解明はほぼ不可能と言われてきた。この度、資料センター(Centre de recherche sur la conservation des collections)と、国立自然史博物館(Muséum national d'Histoire naturelle)の合同チームがその手紙の解明に成功した。13通の書簡のひとつ、マリー・アントワネットが書いた手紙の最後の部分は、彼女の気持ちを婉曲に表現する言葉で綴られていた」

その言葉こそ、前述の名言リストの最後に挙げたものである。ここまで見事に解明できた書簡は今回が初めてで、今後の研究が楽しみでもある。

では、フランス革命の歴史をもう一度マリー・アントワネットを中心にたどってみよう。

マリー・アントワネット

フランス革命はなぜ起きたのか

　当時のフランスはすでに財政が困窮していた。マリー・アントワネットがフランスのブルボン王家に嫁ぐ前、ルイ14世とルイ15世の時代に相次いで起きた隣国との戦争によるダメージは大きかった。とはいっても彼女が王妃として住むことになるヴェルサイユ宮殿は、バロック建築の最高峰とも言われ、内装はロココ文化の絶頂期そのままの絢爛豪華さ。まさに絶対王政のシンボルだったのだ。こんなヨーロッパの中でもひときわ華美な宮殿に14歳で嫁入りしたマリー・アントワネットは、それまでのオーストリアでの質実剛健で家庭的な環境から、一気に華やかな社交界の、ど真ん中に飛び込んでしまったわけである。もともと好奇心旺盛で社交的な彼女は、たちまちロココ文化を象徴するような贅沢な衣装や髪型、アクセサリーを考案し、貴族社会のファッションリーダーとして社交界の華になっていく。結婚8年目にして女の子を、その後に王家を継ぐ男の子を授かり、精神的にも安定した時期を満喫していたようである。しかし幸せな時期は長くは続かなかった。

　当時日照不足で不作になった小麦と、唯一豊作だったワインの値崩れが起きて、農民たちの不満が各所で爆発していく。ルイ16世の統治になってからは様々な財政改革に取り組んだものの、先代からの累積赤字に対する解決策は増税をすることくらいしかなかった。さらに、アメリカの独立戦争を経済的に支援してしまったことで、ますますフランスの財政は破綻していく。食べるものにも困窮し、そのうえ平民に課せられた増税に対しての怒りが爆発して、フランスは革命へとつき進んでいく。革命派も穏便なジロンド派と、過激で貧民層出身のジャコバン派に分かれ、革命派同士での権力争いも激化。「自由・平等・博愛、しからずば、死を！」をスローガンに、旧体制（アンシャン・レジーム）を崩壊させ

るために、特別身分と第一身分と言われた僧侶と貴族の地位が徹底的に崩壊していく。

命がけの逃亡に失敗して、断頭台に上るまで

　怒り狂った平民たちが立ち上がり、武器弾薬が保管されていたバスティーユ牢獄を襲撃して武装を固めた日、1789年7月14日こそが、フランス革命勃発の日とされている。ヴェルサイユでは、バスティーユ陥落の知らせを受けて、多くの貴族たちがイタリアなどに国外逃亡を開始する。マリー・アントワネットもルイ16世に、祖国オーストリアに逃亡することを懇願するが、聞き入れてもらえなかった。やがて暴徒はヴェルサイユ宮殿に到着し、ルイ16世の家族をパリに引き戻し、半年以上空き家状態だった、埃だらけのチュイルリー宮殿に幽閉する。この時にマリー・アントワネットは、愛人だったと噂されるフェルセン伯爵と密かに書簡を交わしながら、国外逃亡計画を練る。しかし後に「ヴァレンヌ事件」と呼ばれる逃亡劇は大失敗に終わり、ますます平民の怒りの火に油を注いでしまうことになる。しかしながら、この国王一家の逃亡計画は周到に用意されていたはずだった。

　1791年6月20日の真夜中から早朝にかけて、逃亡は計画通り実行された。逃亡資金と言われる総額約100億円は、フェルセン伯爵が用意したと言われている。しかしこの亡命用の馬車の内装に時間がかかったことで予定より1カ月も出発が遅れたことや、馬車も足の遅い8頭立てのベルリン型大型四輪馬車にしたことがそもそもの失敗だった。その上、この大きな馬車に、衣装や、ワイン樽や宝石、食器類など、運べるだけの物を無理やり載せようとして、馬車のスピードがさらに遅くなってしまった。マリー・アントワネットの実家があるオーストリアまであと50キロのヴァレンヌでついに逃亡が発覚し、パリに連れ戻されてしまうの

マリー・アントワネット

である。これが決定打となって、マリー・アントワネットの前には断頭台へ続く道しか残されなくなる。まず夫ルイ16世が1793年1月21日に断頭台に上る。そして、約9カ月後の10月16日、フランス王妃マリー・アントワネットは、同じ断頭台で、民衆の雄叫びの中、息絶えるのだ。

このあまりにも不気味で凄惨なギロチンがあった処刑場は、今ではコンコルド広場と呼ばれ、美しいパリの観光名所のひとつになっている。この広場の中心には、エジプトのルクソール神殿にあった2本のオベリスクのうちの1本が建てられている。

マリー・アントワネットはこれからも生き続ける

このオベリスクの一角の、行き交う観光客の足元の道路脇に、目立たないプレートがはめられている。そこには、「ここでマリー・アントワネット死す」という言葉が刻まれている。それに気付く人も年々少なくなってきているようだ。しかし、このギロチンで亡くなった貴族の子孫たちは、今でも毎年パリの教会で追悼式を開催しており、年々参加者は減っているものの、1000人近い子孫が集まってくるそうだ。フランス革命では2万人とも3万人とも言える貴族が命を奪われたという。多くの犠牲の上に勝ち取った「自由・平等・博愛」は、フランスを今も鼓舞し続けているのだろうか。そして、マリー・アントワネットの真実の姿は、これからゆっくりとヴェールを脱いでいくのだろうか。

ここ数年、新しい視点でマリー・アントワネットの人生に迫る映画がいくつか封切られていて大変興味深い。浪費家で愚かと言われた王妃は、実は大変教養が高く、演劇やオペラの鑑賞はもちろん、自作自演の芝居を作ったり、曲を作ったり、リュートなどの楽器演奏までもこなしていた。彼女が作曲したという楽曲は、今ではCDで聞くことができる。さらに、孤児を助けるための施設や病院の建設には自ら積極的に関わり、彼女が

設立した施設の記録が今もフランス各地で残っている。男性中心の封建的なフランスの革命期に創られてしまった、彼女の浪費家で無頓着な王妃のイメージが、時代とともにリニューアルされていくことを願う。ミッシェル先生の資料の入ったワードロープの鍵を開ける日も、それほど遠くはないかもしれない。マリー・アントワネットに染み付いているイメージへ秘かに挑戦する、静かなる革命がおきることを、願いたくなってくる。

マリー・アントワネットのゆかりの地

コンシェルジュリー (Conciergerie)

マリー・アントワネットが最晩年をすごしたコンシュルジュリーの中は、現在博物館になっていて、見ることができるが、かなり血なまぐさい歴史の悲惨な空気感が今も残っている。

- 2 boulevard du Palais 75001 Paris
- http://www.paris-conciergerie.fr

マリー・アントワネットのゆかりの地

サン・ドニ大聖堂 (Basilique Cathédrale de Saint-Denis)

ギロチン刑に処されたあと、彼女の遺体は、20年くらいの間、ルイ16世の遺体とともに、マドレーヌ墓地と呼ばれた共同墓地に放置されていたらしい。その後王政復古時にパリ郊外の王家の墓があるサン・ドニ大聖堂に埋葬された。その時、ヴァレンヌの逃亡の時にルイ16世が書いたと言われる遺書も埋葬されたとか。

- 1 rue de la Légion d'Honneur 93200 Saint-Denis
- http://www.saint-denis-basilique.fr

マリー・アントワネットのゆかりの地

プチ・トリアノン (Le Petit Trianon)

ヴェルサイユ宮殿の脇にマリー・アントワネットの肝煎りで改装した、彼女の桃源郷プチ・トリアノンがある。ここは必見である。ミニチュアの農家を作って家畜を飼い、彼女のほのぼのとした平穏な時間が、今も流れている。

- Château de Versailles 78008 Versailles
- http://www.chateauversailles.fr/decouvrir-domaine/domaine-marie-antoinette-/le-petit-trianon/le-petit-trianon

パリジェンヌが元気のない時や、心が折れた時に
実際にしていること

元気が出そうな花を思いっきり買いこんで、自分の部屋を飾りまくる。

上等でピュアなカカオを使った、カカオ85％以上のショコラを買って、口の中でゆっくりと融かして味わうこと。ショコラを融かしてマッサージをしたり、湯船に入れたりする人もいる。カカオにはセクシーな気分を高めてくれる効果があるとか。

とにかく赤身で脂肪の無い牛肉を、半生くらいの焼き加減で、人目も気にせずガッツリ食べる。グラス一杯でも、厳選した赤ワインを忘れずに。

ハマムというモロッコ風の蒸気風呂のあるスパに行って、ゴマージュ。身体の皮膚の古い皮脂をゴシゴシ擦り落として、その後にアロマの香りの良いオイルでマッサージをしてもらい、生まれ変わった気分になる。

最高級のホテルのバーで、どこの映画女優かと思われるような出で立ちをして、ひとりでシャンパンを飲みにいく。ホテルの入り口では、わざと人目を避けて黒いサングラスをすることもお忘れなく。

パリで、1時間89ユーロで貸してくれるフェラーリがあるので、それでパリ市内を運転して、振り返る人たちに高笑いする。

気分転換に髪の毛を切ってしまうのがもったいない時は、パリにある「シニヨン・バー」の美容室で、あなたにあったシニヨンをプロに見つけてもらって、プチ気分転換。

気分はサガンのように、心の孤独を抱えたまま、夕暮れ時のハイウエイをノルマンディーの港に向かって運転する。夕陽を追いかけて運転する気持ち良さは都会でのストレスを忘れさせてくれる。

パリジェンヌが元気のない時や、心が折れた時に
してしまって後悔すること

暴飲暴食とアルコールの日々。これを普通に戻すのに、結構時間がかかってしまうので要注意。フランスでの食事は体重が激増した後、なかなか落ちないので手強い。

安いバーで知り合った男性と意気投合すること。これは相手が下心の塊で、後悔しか残らない。

飛び込みで入った画廊で高い絵を買ってしまうこと。気分が正常でないときに選んだ絵は、得てして最悪。絵を選ぶのは、冷静な時に。

まぁ、日本でもパリでもあまり変らないようで……あとは野となれ山となれ！

VITAMINE
ビタミン
S

SOLITUDE（ソリテュード／孤独）

人生の孤独をエピス（香辛料）に、現代に生きる女性を描いた作家

par フランソワーズ・サガン

人生をやり直すための年齢なんてない。
すべての人生をかけてそれをやるしかない。

Il n'y a pas d'âge pour réapprendre à vivre.
On ne fait que ça toute sa vie.

善意なき知識(知性)は、
かなり危険な武器になる。

L'intelligence sans bonté est
une arme bien dangereuse.

人を愛するということは、
その人の幸せをも愛することである。

Aimer quelqu'un c'est aussi
aimer le bonheur de quelqu'un.

デビュー作で印税
360億円を手にした19歳のサガン

　69歳で亡くなるまで、一貫してスキャンダルの女王だったフランソワーズ・サガンは、良くも悪くも、フランス女性の生き方のアイコンであり、憧れの存在とも言えるようだ。少なくとも、19歳で書いた処女作が大ベストセラーになって、360億円にも上る印税を得てしまうなんて、普通ではあり得ないほどのラッキーガール。ブルジョアの家庭に育った彼女の印税は、彼女の固有財産として確保された。それは戦後の個人主義が徹底していたフランス教育の影響でもあり、日本でよくありがちな、両親や親族に管理されるようなことはまったくなかったのだ。サガンは、18歳で莫大な財産という名のモンスターの主人となり、そして生涯このモンスターに悩まされる。

　羨ましいような、信じられないような話だが、彼女は最後まで孤高に闘ったフランスを代表する女性作家であり、どんなに私生活がスキャンダラスであろうとも、彼女の作品のファンは今も世界中にいるのも事実。今後も稀有な天才作家として、人々の記憶の中に残っていくに違いない。それは物質的に豊かで平和な時代において感じる、理由のない喪失感や避けがたい孤独という矛盾を、サガンが独特な感性で感知していたからだ。そしてそれを小説という形で代弁してくれているからではなかろうか。まさに彼女の作品のタイトルにもなっている「冷たい水の中の小さな

フランソワーズ・サガン

Françoise Sagan （1935年6月21日〜2004年9月24日）
作家、脚本家。19歳の時に発表した『悲しみよこんにちは』が世界的ベストセラーに。派手な私生活や自動車事故、2度の結婚と離婚といったスキャンダルで注目されたが、生涯で書き上げた25本以上の小説は世界中で翻訳され、親しまれている。

フランソワーズ・サガン

太陽」のように私たちの孤独を優しく照らし、静かに共有してくれる、少し不良じみた太陽のような存在と言えるのである。

ソルボンヌの進級試験に失敗した失意の後にあの作品が誕生

　1935年6月21日、サガンこと本名フランソワーズ・コワレ（Françoise Quoirez）は、カジャルク（Cajarc）という小さな町に生まれる。この町のあるロット県は、フランス南部、ミディ・ピレネー地域圏（Département du Lot / Midi-Pyrénées）に所属する人口15万人規模の県だ。県庁所在地のカオール（Cahors）は、ワイン好きにはたまらない、独特な味わいのカオールワインの産地。隣県のドルドーニュ県はトリュフの産地でもある。

　サガンは、1945年の終戦の年に疎開先のリヨンからパリに行き、ルイーズ・ド・ベティニ女学院に編入するも、4年後に退学になってしまう。両親には一夏過ぎたあとに退学のことを告白したとか。その後、さらに規則の厳しいカトリック系女学院レ・ゾワゾーに入学するが、「熱心な信仰心がない」との理由から、今度はわずか3カ月で退学。その後数年かけて、大学へ入学するための資格であるバカロレアを取得し、1952年、パリのソルボンヌ大学文学部に晴れて入学。ところが入学1年後の進級試験にあろうことか落第してしまう。サガンは失意を奇跡的なパワーにしたのか、彼女の人生を根底から変える処女作、『悲しみよこんにちは』を一気に書き上げるのだ。

　出版社ジュリアールの代表、ルネ・ジュリアールは、届けられたこの原稿の表紙にさりげなく彼女の生年月日が記されていたことから、サガンは自身の年齢を初めから売りにしているのではないかと思ったようだ。そして彼の方もこの作品を、「早熟な娘の書いた小説」とうたい、若さを

売りにするPR戦略で賭けに出たと言われている。

印税で得た華やかな浪費の日々の、
旅、車、パーティー、そして賭け事

　『悲しみよこんにちは』の初版部数は、意外にも控えめな3000部だった。まるで彼女の自伝かと思わせるような、父親の再婚相手に対する娘の複雑な感情と、父親を独占したいという葛藤を、独特な文体でクールに書き上げた作品である。この本が発刊されると、新聞等のメディアに取り上げられて賛否両論の記事が多く出るようになり、あっという間に重版になってしまった。そして出版から1年足らずで、フランスだけでも100万部の大ベストセラーになってしまう。まさに社会的な「サガン現象」といっても良い。その後25カ国で翻訳され、ハリウッドで映画化される。ベリーショートカットの主演女優、ジーン・セバーク（Jean Seberg 1938-1979）の彗星の如きデビューとも相まって、この映画は世界で大成功を収める。本書でも取り上げている、ジュリエット・グレコ（60ページ参照）もこの映画に女優として友情主演し、主題歌も歌っている。サガンとは公私ともに仲が良かったようだ。

　サガンは、自分と同じような天才の匂いを感じたのか、当時アメリカで『ティファニーで朝食を』の映画化でも注目を浴びていた、作家トルーマン・カポーティ（Truman Capote 1924-1984）

パリのセレブが集まる会員制倶楽部のパーティー

115

との親交を深めながら、2人でアメリカ中を旅して回った。そればかりでなく、孤独を愛しながらもパーティーを開くのが好きなサガンは、パリに戻ると派手な宴会を開いては浪費の日々。さらには、当時話題のアストンマーティンという洒落た車で、過激なスピードを楽しんだり、カジノの賭け事に熱中したりするようになる。

「サガン即死か?!」と新聞に書かれたほどの大事故から奇跡的に生還

そんな中、『悲しみよこんにちは』から2年後に、『ある微笑』という作品を発表する。これは、20歳の若さと憂鬱さを持て余している孤独な娘が、20歳年上の男性と恋に落ちて、南仏カンヌで優雅な休暇を過ごす話で、やはり大ヒット。ところが3作目『一年ののち』を発表した1957年、自身が運転する愛車に乗ったサガンは、時速180キロのスピードで急カーブを曲がり切れず転落事故を起こして瀕死の重傷を負う。当時の新聞は一斉に「サガン即死か?」と書いたそうだ。だが彼女は奇跡的に一命を取り留めた。頭蓋骨、胸郭、骨盤、手首、鎖骨を骨折したにもかかわらず。なんという強運の持ち主だろうか。

しかし、この大手術の後遺症には長期的に悩まされることになる。それは、手術後の痛みを和らげるために打ったモルヒネによるもので、これが原因でサガンはドラッ

ノルマンディー近くの晴れた浜辺

グの世界に誘われてしまったとも言われている。翌年1958年に、サガンは20歳年上のギイ・シェレール（Guy Schoeller）と結婚するも、2年後に離婚。この短い結婚生活の中で、彼女が足繁くパリから通ったのは、ノルマンディーのドーヴィルという美しい街。その近くに、サガンは広大な庭付きの豪奢な別荘を購入する。後に判明するのだが、そこはかつて、フランスを代表する女優、サラ・ベルナールが過ごしたこともある別荘だった（92ページ参照）。この不思議な縁を活かしてか、サガンはのちに、『サラ・ベルナール　運命を誘惑するひとみ』という書簡形式をとった小説を書いた。サガンは離婚後もこの別荘を生涯にわたって愛し続けた。1963年にアメリカ人ロベール・ウェストホフ（Robert Westhoff）と再婚し、息子ドニ（Denis）を授かるが2年後に離婚。ドニは現在、写真家として活躍している。サガンの死後に残された莫大な負債は彼が返したと言われている。

壮絶な人生最終章の中でも、創作だけは果敢に続けたサガン

　サガンが夜型だったのは有名な話で、パリにいる時は夜中から執筆活動を始め、朝6時頃に終えて就寝する生活だったそうだ。彼女はテレビのインタビューにこう答えている。「夜中にパリで仕事していると、田舎にいるみたいな最高の気分になるの。私にとっては絶好の時間なの」と。そんなサガンは執筆のかたわら、アルコールとタバコとドラッグが手放せなくなっていく。ドラッグも交通事故の後遺症の痛みを和らげるために使い始めたモルヒネから、コカイン、覚せい剤の一種アンフェタミンと、その種類も多岐にわたる。コカイン所持の現行犯で逮捕されて前科者にもなり、晩年はかなり破天荒ぶりが過激になっていく。バイセクシャルであったこともカミングアウトしている。フランスの某元大統領

も恋人のひとりだったのではと、まことしやかにささやかれているほど、色々な意味で注目されてきたサガンであった。

　晩年、脱税容疑で起訴されてからは、莫大な借金に悩まされていく。それでも彼女の創作意欲は変わることなく、69歳の時、心臓疾患で亡くなるまで、ペンを持ち続けていた。人生の孤独と壮絶さを文章にして表現し続けた彼女はインタビューにこう答えている。「ただ好きだから書いているのです。それは悪徳であり、美徳でもあります。理解できないような美徳、しかも楽しみに変わっていく美徳なのです。書くことは、死とか後世に名を残すこととか、そんなこととはまったく違う次元のことなのです」と。

サガン伝説が映画になって蘇った！

　2008年にサガンの半生はフランスで映画化された。サガン役を演じた女優は、1971年生まれの37歳のシルヴィ・テステュー（Sylvie Testud）。見事にサガン独特の、タバコをくゆらせながら早口で話す様子を表現していて圧巻である。そういえば彼女は、フランス語圏を代表する女流作家、アメリー・ノートン（Amélie Nothomb 1966-＊1967年とする資料もある）が書いた、不可解な日本社会がテーマの『畏れ慄いて』の映画化の中で、日本人会社員にいじめられるベルギー人を見事に演じていたような。外交官の父親の関係で、日本で5歳までを過ごしたアメリー・ノートンも、サガンとは違った意味でエキセントリックな作家として人気がある。憎らしいほど毒のある女流作家が次々と生まれる国フランス。「破滅するのも私の人生の自由でしょ」という言葉を残したサガンが代表するように、個人としての存在の自由を最も大切にする国、フランスは、まさにサガンそのもの。

　私たち日本人もサガンを通して「個の存在の自由」を考えてみることができるだろう。きっとサガンは「好きなように生きてみたらどう？」と

言ってシニカルに微笑んでくれるに違いない。いつものようにタバコの煙をくゆらせ、前髪をかきあげながら、上目使いで、気だるそうに。
　日本人が美徳とする「頑張ります」精神の、真逆のようなパリジェンヌの姉貴は、冷たい水の中の小さな太陽のように、孤独と戯れているのかもしれない。孤独な時間こそ、大人の女が、頑張らずに美しくなる、魔法の時間かもしれない。

フランソワーズ・サガンのゆかりの地

ドーヴィルのバリエール・カジノ
(Casino Barrière Deauville)

　ノルマンディー地方のリゾート地ドーヴィルにあるこのカジノにサガンは8月8日に行き、ルーレットで8をかけて800万フラン儲けた。その儲けたお金でノルマンディーの別荘を即決で買ったという逸話がある。直ぐ隣のホテルノルマンディーも有名なホテル。ここの舌平目のムニエルはサガンも舌鼓を打ったとか。

- 2 rue Edmond Blanc 14800 Deauville
- http://www.casinobarriere.com

フランソワーズ・サガンに関する映画

2009年に日本でも公開されたサガンの伝記的映画「サガン-悲しみよ こんにちは(原題は Sagan)」。サガン役は中堅仏女優のホープ、シルヴィ・テステューが好演。DVDで観ることができる。彼女が着こなすサガンが愛したイヴ・サンローランのファッションも見物。特にヒョウ柄はサガンのトレードマークでもある。シルヴィは141ページに掲載したアメリー・ノートンの、原作『畏れ慄いて』の映画にも主演している。

「サガン—悲しみよ こんにちは」　DVD発売中
発売元:アスミック・エース　販売元:KADOKAWA　価格:4,700円+税
©2008 ALEXANDRE FILMS

VITAMINE (ビタミン)

VISIONNAIRE（ヴィジョネール／ヴィジョンを見る女）

絶体絶命のピンチに打ち勝ち、自分を信じ続ける力

par ジャンヌ・ダルク

鉄の鎖よりも強いもの、それは愛の鎖。

Plus fortes que les chaînes de fer,
les chaînes de l'amour.

勇敢に進め！
恐れてはならない。すべてはうまくいくだろう。

Allez hardiment et n'ayez crainte.
Tout tournera bien.

天啓を間違うことはなかった。

Les voix ne m'avaient pas trompée.

ジャンヌ・ダルク

Jeanne d'Arc（1412年1月6日〜1431年5月30日）

15世紀のフランス王国の軍人、カトリック教会の聖人。農家に生まれるが、16歳の時に天啓を受けて軍人となり、英仏の百年戦争の流れを一気にフランス王国優位に変えた。18歳で敵国に捕えられ、フランスのルーアンで火刑に処される。

フランスを救った少女、
ジャンヌ・ダルクが16歳で受けた天啓

　ジャンヌ・ダルクは、ドンレミ・ラ・ピュセル（Domrémy-la-pucelle）というフランス北東部ロレーヌ地方を流れる、ムーズ川のほとりの小さな村で、裕福な農家の娘として生まれた。父親は20ヘクタールの土地を所有して農業を営みながら、さらに租税徴収係と、村の自警団団長を兼任していて、ドンレミ村の名士とも言える存在だった。母親は大変熱心なカトリック信者。愛情一杯に育ったジャンヌには3人の兄と姉がいた。どこにでもいる普通の少女、ジャンヌは、12歳になった時から突然、天啓（神の声）を聞くようになる。最初に聞いた声は「善良であれ」だった。それから教会に行く度に神の声を聞く頻度は増し、時にはありえないような光の現象を眼前に見せられることもあった。16歳になった時に、ジャンヌに決定的な声が聞こえた。それは「フランスを救え！」というものだった。ジャンヌはこの声に従い、フランス王シャルル7世に会うために、仮王宮のあったシノン城（Château de Chinon）に旅立つことを決意する。時にまさにイングランドとの百年戦争の真只中で、フランス王国は敗戦に次ぐ敗戦の劣勢で、壊滅状態だった。

　百年戦争は1339年に始まっていた。ジャンヌが生まれたのは1411年か12年と言われているが、彼女が生まれて3、4年後にイングランド王ヘンリー5世がノルマンディーに上陸。フランス王国はアザンクールで敗北し、フランスの北部はほぼイングランドの支配下になってしまった。さらに、1422年には、フランス王シャルル6世とイングランド王ヘンリー5世が相次いで死亡する。この時、次のイングランド王であるヘンリー6世がフランス王としても戴冠してしまえば流れは違ったのだが、前年に生まれたばかりの幼王はロンドンにいるままだった。フランスの正統君主であることを証明するには、フランスのランス（Reims）という街で戴冠しなければならなかった。

ジャンヌ・ダルク

V

　正式な王が不在の状況でフランス国内に緊張感が高まる中、ジャンヌはまず、親類の紹介を通してヴォークルール（Vaucouleurs）に行き、当時の守護隊長だったロベール・ド・ボードリクール伯（Robert de Baudricourt）を訪ねることに決める。これらの決断も、すべて天からの声に従っただけだとジャンヌは語っている。それは「フランス王国を取り戻すために、オルレアンをまず奪還し、フランス王シャルル7世の戴冠式をランスで行なうのだ。そのためにもまずシャルル7世に会いに行かねばならない」という極めて具体的な天啓だった。

　ボードリクール伯に会い、護衛軍の要請をし、さらにシノンにいるシャルル7世と会う必要性を語るジャンヌ。しかしボードリクール伯は、どこの馬の骨か分からぬこの農家の娘の「天啓」を理解するまでに、なんと9カ月もの時間を要してしまう。ジャンヌは最後まで諦めず、何度もボードリクール伯に謁見し、その必要性を熱く語り、遂にシノン行きの許可と護衛軍を得る。その時にジャンヌが下した戦況の予言のいくつかが当たったことが、ボードリクール伯の堅い心を最終的に溶かしたと言われている。

天啓のままに行動し、男装して戦士の先頭に立ったジャンヌ

　フランスは、ジャンヌが生まれて数年経った1415年頃からシャルル7世が戴冠式を無事に終える1429年まで、大きく三つの地域に分かれていた。ひとつは、フランス北部からパリにいたるまでの地域で、イングランド王ヘンリー6世の支配下の地域。もうひとつはブルゴーニュ公フィリップ3世の支配下の地域で、これは今もブルゴーニュ地方として残っている辺りだ。彼らもイングランド王国の味方だった。そしてそれ以外の、南フランスにわたるすべての地域。ここはシャルル7世の支配下だった。オルレアンというフランス国王に忠誠を誓う重要な街は、事実上イングランドに包囲

されて壊滅状態で、今にも敵国の支配下に落ちなんとしていた。そのオルレアンをまず奪還すれば、戦況が大きく変わるというのがジャンヌの天啓であった。オルレアンという街はロワール川沿いにあり、フランスの中心部に向かうイングランドの侵略を塞き止めるための、最後の砦の地であったからだ。

　さて、実際にシャルル7世のいるシノンに行くためには、敵国のブルゴーニュ公国を通って行かなくてはならない。ジャンヌは護衛軍とともに、自らも命を狙われないよう男装をして、甲冑姿での長旅を敢行した。命がけでやっと到着したシノン城で、ジャンヌはまず謁見の間に通された。王座に座った王らしき男には一切目もくれず、彼女は召使いの恰好に化けていた、本物のシャルル7世の前に歩み出て、深々と頭を下げて挨拶をした。それを見ていた王家一同は感嘆したという。シャルル7世も、自らが仕掛けたゲームによって、ジャンヌに対してある一定の信頼を寄せることができたようだ。

　ジャンヌは、王の目をしかと見つめながら、「優しい太子殿下、私は処女ジョハンヌ（ジャンヌの名前の中世の古い呼び名）と申します。天の君主は私を通じて、殿下がランスの街で大典を挙げられ、王冠を抱かれてフランス王たる、天の君主の代理人となられるよう、お望みになっておられるのでございます」と語った。さらに、「フランスは神の国であります。神は太子シャルル様が、この国を治めることを望んでおられます」と神の名において、彼女が受けてきた天啓を語った。複雑なトロワ条約（128ページの＊参照）の存在により、シャルル7世は、実はシャルル6世妃イザボーと王弟オルレアン公との間の不倫の子どもではないかと言われていた。ジャンヌの進言が受け入れられたのは、そんな噂を吹き飛ばす絶好のチャンスだとシャルル7世が考えたからかもしれない。

　ジャンヌはオルレアンを奪還するための、要望通りの軍事予算を無事に得て、軍隊を編成する具体的な準備を開始する。特にシャルル7世の義母がジャンヌの特別なスポンサーとして金銭的な支援を惜しまなかっ

たという。ジャンヌはシャルル7世によって、公式にオルレアン救援軍の総指揮官に任命され、リーダーとして驚くべき采配をふり、見事な成果を上げる。戦場の軍人のみならず民衆も歓喜し、フランス王国を取り戻そうとの気運が巻き起こっていく。

シャルル7世の戴冠式の栄光から、異端者として地獄へ

　1429年4月29日にオルレアンに到着したジャンヌが率いる軍隊は、わずか9日間の闘いで、見事にオルレアンを奪還する。今も彼女の奇跡的な偉業を讃えるため、オルレアンでは、毎年4月29日から5月8日までジャンヌ・ダルク祭が盛大に催されている。

　この成果により、同じ年の7月17日にランスのノートルダム大聖堂において、シャルル7世の戴冠式が盛大に執り行われる。ジャンヌの天啓通りだった。ジャンヌは、勇敢なる軍事指導者として英雄の扱いで讃えられ、この王位継承のセレモニーに立ち会うことになる。

　この晴れやかな状況の中で、未だ敵対していたブルゴーニュ公国の大公に対しては、以下のような手紙をジャンヌは出している。「ブルゴーニュ大公、私は伏して聖なるフランス王国と戦いを続けるのはおやめ下さいと申し上げたい。聖なる王国や国土の城塞から一日も早く軍を退いて頂けますように。そして私は平和を愛するフランス国王の名代として、国王が名誉にかけて貴君との和事を望んでいることを伝えます」。シャルル7世もブルゴーニュ公国との和平交渉を最優先課題として取り組んだが、この交渉は残念ながら決裂する。ブルゴーニュ軍はイングランド軍に援軍を送り、パリ占領作戦が始まろうとしていた。ジャンヌの運命は、この戴冠式の栄光の頂点にあって、すでに悲劇への扉を叩き始めていたのか。

ジャンヌはシャルル7世に、パリのイングランド軍との戦いの準備に入りたいと願い出るが、予想外の撤退命令を受けることになる。そしてさらに不気味なことに1429年の12月29日に、ジャンヌとその家族は貴族としての社会的な地位を与えられる。何らかの謀略が、この時水面下でグロテスクに動き出していたのかもしれない。フランスとブルゴーニュ公との間に15日間の休戦協定が締結され、ジャンヌはそのことに大いに怒り、市民への手紙の中にもその想いは吐露され、記録として残っている。ジャンヌは数カ月間、事実上何もできない異常な状況になる。1430年5月にジャンヌは休戦協定が失効したことを確認するやいなや、コンピエーニュ(Compiègne)包囲軍を守るために、援軍としてブルゴーニュ公国軍との戦闘を開始するが、5月23日に公国軍の捕虜となってしまう。ここから本格的なジャンヌの地獄の日々が始まる。

　普通なら敵の捕虜になった身柄の引き渡しを、フランス王が身代金を払ってでも要求するのが当たり前なのだが、この時のシャルル7世は、ジャンヌを事実上見殺しにした。無事にフランス王に即位したシャルル7世にとって、ジャンヌはすでに邪魔な存在になっていたのか。彼女は監禁された場所から、決死の覚悟で逃げ出そうと試みるが、すべては失敗に終わる。絶望の淵に立たされたジャンヌは、それでも必死に生き抜こうとしていたという。しかしあろうことか、イングランド王がブルゴーニュ公フィリップ3世に身代金を払って、ジャンヌの身柄を引き取ったのだ。コンピエーニュの隣町ボーヴェ(Beauvais)の司教であるピエール・コーション(Pierre Cauchon)は、イングランドと水面下で通じていて、ジャンヌに対する残酷な異端裁判の流れを仕切る立役者となる。彼はジャンヌのことを「不服従と異端」の疑いがある人物としてでっち上げた。そして、1430年12月から、当時イングランド占領統治府が置かれていたルーアン(Rouen)という街にジャンヌを幽閉し、1431年1月からは本格的なジャンヌの異端裁判を開始する。

偉業を遂げた少女は後に英雄として復活する

　文盲である上に、英語など理解できる訳がないジャンヌは、弁護人をつけることも許されず、絶望と孤独の中で、自らの主張を必死に語ろうと試みるが、ジャンヌを一方的に異端者として決めつけようとする不気味な勢力の中では、まったくの無力だった。裁判を進める原告の司教たちは声を荒らげてこう主張する。「神の教えは、法王から序列を通って来なければ本物ではないのに、お前は勝手に神の声を聞いたと言っている。そんなことはあってはならないのだ。お前はただ、悪魔の命令を受けただけだ」と。

　ジャンヌは最終的に、仕掛けられた裁判の供述宣誓書に署名をさせられ、ジャンヌ自身が自らを異端者として認めたことにされてしまう。異端の罪の中でも最悪の死刑になるのは、異端であることを認めて悔い改めた上で、再び異端の罪を犯した時のみである。ジャンヌは改悛の誓いの中で、今までの男装をやめることを誓う。しかし女性の服に戻ったジャンヌの独房に、イングランド軍の男たちが入ってきては、ジャンヌを力ずくで乱暴しようとした。ジャンヌはこの恐怖から逃れるために男装に戻ったという説と、女性用の服がすべて盗まれていて男装しかできなかったという説があるが、どちらにせよ、ジャンヌはまた男装に戻らざるを得なかったのだ。

　異端審問の再審理で、ジャンヌは男装をやめて女性の服装になるとの誓いを立てたにもかかわらず、その誓いを破って男装に戻った最悪の異端者であり、死刑に値するとの判決を受ける。

　1431年5月30日に、ジャンヌの火刑は大勢の市民が集まる中で、ルーアンのヴュー・マルシェ広場（Place du Vieux-Marché à Rouen）で行なわれた。ジャンヌは「お願いだから、私に見えるように十字架を掲げて」と叫んだ。火に包まれていくジャンヌの叫びは、彼女の遺

体が黒こげになってもまだ、聞こえたような気がしたという証言も残っている。彼女の遺体には再び火がつけられ、灰に成り果てたことを確認した上でセーヌ川に流された。

　そのセーヌ川が流れるパリは、ジャンヌの死後、無事にフランス軍によって奪還された。百年戦争は彼女の死後22年間も続くのだが、この戦争が終結した後になって、ジャンヌの復権を願う裁判が始まった。ローマ教皇カリストゥス3世（Calixtus Ⅲ）も正式に承認した裁判だった。この裁判のためにヨーロッパ各地の聖職者115人の証言が集められ、最終的に1456年7月7日、ジャンヌは無罪であるとの判決が下された。

　彼女は、神との対話の仕方に革命を起こした人間だった。ジャンヌが最後まで命をかけて主張していたように、天啓をダイレクトに聞くことができたのだとしたら、それはその時代にあって、かなり革命的なことである。つまり、当時の司教たちにとって、ジャンヌは許されない存在だったはずだ。教会を介さずに神の声を聞いたという行為は、中世の保守的な思考の中において、新しい教会の在り方を問いかねない、思想的なパラダイムの変化を起こしたのではないかと考えられている。

　だが今では彼女の栄光は、カトリック教会の中でも最も重要な聖人として認められ、世界中のアーティストたちが、彼女の銅像や、絵画、音楽、戯曲などを制作している。本書の中でも取り上げている作家、ジョルジュ・サンド（66ページ参照）もジャンヌの生き方に大いに啓発された女性のひとりだ。パリのノートルダム大聖堂の像や、ピラミッド広場（Place des Pyramides）近くの黄金のジャンヌ像などは、パリにいると日常的に目にすることができる彼女の輝かしい姿である。

　たった19歳で天に昇ったジャンヌの魂は、今もフランスのあちこちに、そしてフランス人の心の中に、深く強く息づいていると感じる。ナポレオン1世は、「フランスは、苦境の時にかならずジャンヌ・ダルクのような存在が登場する神の国だ」と言っている。フランスの未来を、ジャンヌは天からどう見ているだろうか。今のこのカオスな時代に、もし彼女が

甦ったら、どんな天啓を受けるのだろうか。これからも、ジャンヌ・ダルクは、オルレアンの少女の神話として語り継がれながら、フランスの勝利の奇跡の象徴として、フランス国民を鼓舞し続けることができるや否や。ジャンヌの生きた中世のフランスに比べると、あまりにも多民族国家になってしまった今のフランスに、希望を与え続ける新たなヴィジョネールの出現が必要なのか。今のフランスはジャンヌの想像以上に混沌としていることは確かかもしれない。

＊トロワ条約
1420年、フランスのトロワでイングランド王ヘンリー5世のフランス王位継承権を認めて調印された条約のこと。

ジャンヌ・ダルクのゆかりの地

ジャンヌ・ダルクの生家
(Maison natale de Jeanne d'Arc)

フランス北東部のロレーヌ地方のドンレミ・ラ・ピュセスの彼女が生まれ育った家は、内部も見学できるようになっている。

・2 rue de la Basilique 88630 Domrémy-la-Pucelle

ジャンヌ・ダルクのゆかりの地

パロワシアル・サン・レミ教会
(Église paroissiale Saint-Rémy)

彼女が幼少期に通ったこの教会は、生家の直ぐ隣にあるので、すぐわかる。中にはジャンヌの生涯をステンドグラスにしたものがある。

・2 rue Principale 88630 Domrémy-la-Pucelle

ジャンヌが火刑になったルーアンの市場
(Marché Place du Vieux-Marché)

ジャンヌ・ダルクのゆかりの地

パリの西、約134キロに位置する。この場所でジャンヌ・ダルクは1431年5月30日に火刑に処されている。

・Place du Vieux-Marché 76000 Rouen

ノートルダム大聖堂
(Cathédrale Notre-Dame de Paris)

ジャンヌ・ダルクのゆかりの地

ジャンヌが無罪になってから作られた彼女の勇姿を現した銅像は、このノートルダム大聖堂の入り口付近にある。

・6 Parvis Notre-Dame-Place Jean-Paul II 75004 Paris

ピラミッド広場近くの黄金のジャンヌ像

ジャンヌ・ダルクのゆかりの地

メトロ1番線でTulleries駅を下車して、テュルリー公園沿いにリヴォリ通り(Rue de Rivoli)をルーヴル美術館方向に歩くと、夜でも光り輝くジャンヌの像を見つけることができる。昼間は交通量が多いところなので、夜見に行くと良い。

・Place des Pyramides 75001 Paris

パンテオン (Panthéon)

ジャンヌ・ダルクのゆかりの地

パンテオンの中の4枚の壁画には、ジャンヌがコンピエーニュで捕えられた際のものがあり必見。

・Place du Panthéon 75005 Paris
・http://www.paris-pantheon.fr

ジャンヌの故郷を訪ねて

ジャンヌ・ダルクには、未だミステリアスな歴史の真実が隠されている？

　ジャンヌ・ダルクの仏語の大量の資料を目の前にして、どこから読み始めようかとしげしげ眺めていたら、「ジャンヌのことを書くのなら、資料や本を読む前に彼女の生家にまず足を運びなさい」という天の声が聞こえてきたような気がした。

　さすがのジャンヌ様！　大天使ミカエルだか、聖カトリーヌだかは知らないが、とにもかくにも今はおとなしく天の声に従うぞと、早速1泊分の荷物をまとめて、車にはらりと飛び乗った。

　パリから約400キロの道のりだが、そのほとんどは高速道路なので、いつものようにすっ飛ばしていけば、彼女の生家のあるドンレミという村まで4時間もあれば余裕で着くはずと、パリを午後3時頃に出発した。しかし、途中のサービスエリアで地図を買ったり、濃い目のエスプレッソを飲んだりして、余計な時間を費やしてしまった。ジャンヌの生家のある小さな村に到着した時には、もうすっかり真っ暗だった。1軒だけ夜遅くまで営業しているホテル・エデンという安宿があり、ジャンヌの生家の隣村ではあったが、レストランもまだ営業しているとのことで迷わずこの宿に決めた。

天啓を受けてジャンヌ・ダルクの生まれた村に来てしまった！

　猫でも食べないような冷えたパテとサラダを食べながら、運転の疲れを取るために、グラスの赤ワインを薬代わりにチビチビやっていたら、ホテル

のオーナーが「あなたもあれ？ ジャンヌ・ダルクの……ほれ？」と聞いてくるので、「は？ はい」と答えると、色褪せたパンフレットやら、村の地図やら、色々と親切に持ってきてくれた。

　その夜は何となく寝付かれず、夜中に理由もなくラジオをつけて、わびしいロックンロールを聞いているうちに、いつしか朝になっていた。

　このホテルの斜め前にある観光協会に行くと、ジャンヌ・ダルクと書かれたかなり大きなポスターが何枚も貼ってあった。聞いてみると、今年で4回目を迎える、出演者総勢200名の壮大なる野外劇「ジャンヌ・ダルク」のポスターだそうで、この音楽劇の素晴らしさを自信たっぷりに話されてしまい、私は彼女の宣伝を最後まで聞く羽目になった。その上、DVDまで買ってしまった私は、「何だかなぁ」と、解せない感覚を持て余しながら観光協会を後にした。

　ジャンヌの生家は、そこから車で10分もしないところにあり、なんと本日休館日。「ほらね」と、独りつぶやきながら、ジャンヌが洗礼を受けたと言われるパロワシアル・サン・レミ教会(128ページ参照)に入った。彼女の生家のすぐ隣なのでとってもコンビニエンス！ あまりにもありがちな、ステンドグラスに描かれたジャンヌのヒストリーも、何だか心にしっくり響いてこないし、休館日で中に入れなかった彼女の生家と言われる建物も、どうも不自然に感じてしまうのはなぜなのだろうと、ぼやきながらまた車に飛び乗った。私は消化不良のまま、パリに帰るためのガソリンを入れた。帰る途中で遭遇した夕陽だけが、やたらと色鮮やかで美しく、ジャンヌを感じることができなかった今回の取材は、まさに色褪せたパンフレットみたいだった

Pause

と独りつぶやき、地平線に消えゆく夕陽を浴びながら、パリに戻った。

フランスの某有名歌手の大先輩からの一言に……

　偶然にもこのジャンヌ取材旅行の翌日、パリ郊外にあるフランスの某有名歌手の方のお宅にお邪魔する機会があった。単刀直入に、「ジャンヌ・ダルクって、どう思われますか？」と聞いたら、しばしの沈黙の後、聞いた私自身も我が耳を疑ってしまうようなお話を聞くことになった。

　「ジャンヌ？ 歴史の真実なんて本当のことは結局分からないわよね。実のところは王家の隠し子で、ある誠実で口の固い農家の組合長のところに育てなさいと預けたのだけど、とにかく頭脳明晰で優秀な娘に育ち、この娘は神懸かりだなんて噂したとかしないとか。そうそう、それから火あぶりになったのは、本物のジャンヌじゃないって説もあるわよね」

　私はあまりの衝撃に言葉を失いかけていたが、そういえば、確か日本でも直木賞作家の方が、同じような仮説を原案にして、舞台「ジャンヌ・ダルク」を上演していたような気がするなぁと、記憶をたどっていた。フランスでも何人かの学者がこの説を唱えているそうで、この某大先輩も、そのうちのひとりの学者の本を読んでから、妙にこの説にはまってしまったのだとか。「常にこの世の中って、権力を握った『お・と・こ』たちの考えるやり方で、歴史さえも適当に変えられちゃうのよ」。私は丁重にお礼を言って彼女の家からパリに戻った。ハンドルを持つ手が汗ばんでしまった。確かに、いつの時代も、どこの国でも、歴史の裏側には物語をプロデュースする「お・

と・こ」の欲がうずまいているのかもしれない。もちろん、本当にジャンヌは天啓を受けて、フランスの危機を救うために勇敢に戦い、命を落とした永遠のヒロインに違いない。それを否定するつもりはまったくない。そんな少女がいてもおかしくない。

　でも、何事も盲目的に信じすぎず、常に半信半疑で物事を見ていく感性が磨かれれば、あなたの中にも、確固たる真実を捕えようとする独自の意識が生まれて来るに違いない。情報の裏にある、何かを感じ取ることを教えてくれた価値ある旅だった。ジャンヌ・ダルクは色褪せるものか！

名言と解説

DICO-CITATIONS

パリジェンヌのコトタマ集
其の2

本文の中で、残念ながら取り上げられなかった
他の仏女性たちのパワフルなコトタマの続き。
もっとご紹介したかったけど、心八分目位のところがよろしいかと。

書くということ、それは喋ることなく、沈黙すること。
音をたてずにわめきたてること。

Écrire, c'est aussi ne pas parler. C'est se taire.
C'est hurler sans bruit.

マルグリット・デュラス／ Marguerite Duras（1914年〜1996年）
フランス領インドシナ（現在のヴェトナム）のサイゴンで生まれる。小説家であり、映画作家でもある。インドシナに住んでいた時に出会った華僑の青年との自伝的小説『愛人／ラマン』は、フランスで最も権威のあるゴンクール賞を受賞し、大ベストセラーになり、世界各国で翻訳され、後に映画化される。広島でのフランス人女性と日本人男性との叙情的な小説『ヒロシマ・モナムール』も映画化されている。

✦ ✦ ✦ ✦ ✦ ✦ ✦ ✦ ✦ ✦ ✦ ✦ ✦ ✦ ✦ ✦ ✦ ✦ ✦

真実を愛するということは、虚無に耐え、
そして死を受け入れるということです。
真実は死と隣り合わせなのです。

Aimer la vérité signifie supporter le vide ; et par suite accepter
la mort. La vérité est du côté de la mort.

シモーヌ・ヴェイユ／ Simone Veil（1927年〜）
弁護士であり、政治家。ジャック・シラク大統領の時に内閣入りして、保健相を5年間務め、この任期中に、世界的にも画期的であった、妊娠中絶を合法化することに成功。経口避妊薬（ピル）などの避妊薬の販売も促進。2008年にアカデミー・フランセーズの会員になる。

愛ってスープみたいなものよね。飲みはじめは熱すぎて、
最後のひとさじは冷たすぎるのよ。

L'amour, c'est comme le potage : les premières cuillères sont trop chaudes, les dernières sont trop froides.

年齢というものは、
愛の不安からあなたを守ってはくれない。しかし、
愛は年齢の不安からある程度あなたを守ってくれる。

L'âge ne vous protège pas des dangers de l'amour. Mais l'amour, dans une certaine mesure, vous protège des dangers de l'âge.

ジャンヌ・モロー／Jeanne Moreau（1928年〜）
フランス映画の中でもとりわけヌーヴェルヴァーグ時代の映画に多く主演している映画女優。ルイ・マル監督の25歳の時の出世作「死刑台のエレベーター」は、音楽をマイルス・デイヴィスが担当し、世界的に大ヒットとなり、ジャンヌ・モローも一気に世界的に有名な女優になった。

天国で死ぬよりも、地獄の中で生き抜きたい。

J'aime mieux vivre en enfer que mourir au paradis.

愛について話すときは必ず
「決して」と「いつも」の言葉がつきまとう。

Chaque fois qu'on parle d'amour :
c'est avec «Jamais» et «Toujours».

バルバラ／Barbara（1930年〜1997年）
シンガーソングライターの草分け的存在で、シャンソン歌手。いつも真っ黒な衣装でピアノを弾きながら歌う彼女の姿は、一羽の孤独な黒い鷲のようでもあった。彼女の自伝『一台の黒いピアノがあった……　未完の記録（原題は Il était un piano noir …: Mémoires interrompus）』は彼女の死の翌年に発表された。

エレガントな心がなければ、エレガンスはない。
Sans l'élégance du cœur, il n'y a pas d'élégance.

ソニア・リキエル／Sonia Rykiel（1930年〜2016年）
パリ出身のファッションデザイナー。お洒落なニットを発表し続けて、「ニットの女王」との異名をとるほど、世界的に有名。独特のシックな色使いも特徴で、ファンが多い。生涯現役でクリエイティブな女性であり続けた。

犬、猫、彼らにも人間と同じ心がある。
Un chien, un chat, c'est un cœur avec du poil autour.

私は宝石には興味をもたなかった。
女性にとっての真実の宝石は、若さ、美貌、髪の毛、心の在り方だと思っている。
お金で買えるものには、何の価値もありはしない。

Je ne m'intéresse pas aux bijoux. Je pense que les véritables bijoux pour les femmes sont la jeunesse, la beauté, les cheveux et l'esprit. Tout ce que l'on peut acheter avec de l'argent, n'a aucune valeur.

ブリジット・バルドー／Brigitte Bardot（1934年 〜）
映画女優、歌手、動物愛護運動の活動家。パリの16区のパッシーというブルジョアなエリアから誕生したセックスシンボル。ロジェ・ヴァディム監督「素直な悪女」が出世作。1956年にフランスのみならずアメリカでもセックスシンボルになる。ルイ・マル監督「ビバ！マリア」ではジャンヌ・モローと競演。歌手としてもセルジュ・ゲンズブールのミューズとして、楽曲をいくつも提供されて成功している。代表作は「ハーレー・ダヴィッドソン」など。現在は彼女が愛する南仏のサン・ト・ロペの海辺の大邸宅で多くの犬と猫に囲まれて生活している。

✦•✦•✦•✦•✦•✦•✦•✦•✦•✦•✦•✦•✦

日常の中にちりばめられている
小さな幸福を見つけてみましょうよ。それは、
目覚めの時のエスプレッソの香り、夏に入る最初の
お風呂、冬になって、初雪を目の前にした時の感動、
これらが、私の選んだささやかな人生の幸せの瞬間。

Autant profiter des petits bonheurs qui parsèment le chemin.
Moi je plébiscite l'odeur du café le matin, le bonheur d'un
premier bain d'été, l'émotion devant une première neige l'hiver.

あるいくつかのテーマが私の頭から離れないのよ、
それは信仰と特に不寛容という、
まさに人類永遠のテーマなの。

Certains sujets me hantent,
les croyances et surtout l'intolérance.

ダニエル・トンプソン／Danièle Thompson（1942年〜）
モナコ公国生まれ。映画監督の父親の影響で映画の脚本家となり、ソフィー・マルソー主演の「ラ・ブーム」と「ラ・ブーム2」で世界的な大ヒットで、脚本家として成功をおさめる。そのほかパトリス・シェロー監督の「王妃マルゴ」の脚本を手掛け、「ブッシュ・ド・ノエル」では監督デビューを果たす。

✦•✦•✦•✦•✦•✦•✦•✦•✦•✦•✦•✦•✦

魅力的な男性は、すべての人を誘惑しようとするのよ、
人だけでなく、部屋の扉さえも誘惑しようとしているわ！

Les hommes charmeurs font du charme à tout le monde
même à une porte.

女性の本当の美しさは、
60歳になってから花開くのよ。
La vraie beauté de la femme pourrait s'épanouir à soixante ans.

カトリーヌ・ドヌーヴ／Catherine Deneuve（1943年〜）
ジャック・ドゥミ監督「シェルブールの雨傘」や、ルイス・ブニュエル監督の「昼顔」など、代表作は数えきれないほどの、フランスを代表する映画女優。共演したイタリアを代表する男優、故・マルチェロ・マストロヤンニとの事実婚の間に娘、キアラが誕生し、キアラも実力派の映画女優として現在も活躍中。

✦・✦・✦・✦・✦・✦・✦・✦・✦・✦・✦・✦・✦

様々な女性たちがいること、そして
彼女たちの望みというものを認めないといけない。
さもないと高い代償を払うことになるだろう。
Il faut prendre acte de la diversité des femmes et de leurs désirs. Sinon elles vont payer cher.

エリザベート・バダンテール／Élisabeth Badinter（1944年〜）
富豪の実業家でありながら、今最もラディカルなフェミニストとしてジェンダーの問題を取り上げた本も多数出版されている。著書に『母性という神話』や『迷走フェミニズム これでいいのか女と男』などがある。

✦・✦・✦・✦・✦・✦・✦・✦・✦・✦・✦・✦・✦

成功というのは、香水みたいで心地良いけど、
本質ではないのよ。
Le succès c'est comme le parfun.
C'est agréable mais pas essentiel.

ファニー・アルダン／Fanny Ardant（1949年〜）
映画、舞台の両方をこなす、フランスの才色兼備の女優。元々は南仏のエクス・アン・プロヴァンス政治学院というエリートのためのグランゼコール出身で、ロンドンのフランス大

使館勤務を経てから、演劇学校に入学。ヌーヴェルヴァーグのフランソワ・トリュフォー監督「隣の女」で大抜擢され、一躍スターになる。その後は舞台でも、ロマン・ポランスキー演出「マスター・クラス」のマリア・カラスを演じて、フランス演劇の最高の賞であるモリエール賞にノミネートされる。

* * *

一番大きな敵は、自分の内側にある弱気だ。
いつも小さな弱気がわくたびに、
闘わないといけないのだ。

Le pire ennemi est la faiblesse qui réside en nous. Chaque fois que l'on se sent avoir une petite faiblesse, on doit lutter.

日本女性が変われば、
日本は大いに変化するポテンシャルを持っている。
私は日本女性に期待したい。

Le Japon a la chance de beaucoup progresser dans la mesure où les femmes japonaises évoluent. Je mets mes espérances en elles.

クリスティーヌ・ラガルド／Christine Lagarde（1956年〜）
IMF（国際通貨基金）の専務理事であり弁護士。南仏のエクス・アン・プロヴァンス政治学院を卒業し、アメリカで有名なベーカー＆マッケンジー弁護士事務所で働き、シカゴ本部のチェアマンに選出されるまでになる。2005年にアメリカから帰国後は、内閣の中の重要なポストを歴任し、特にG8初の女性財務大臣になった功績は大きい。現職は2011年からで、彼女の洗練されたファッションも注目されている。

* * *

重要なのは、目標を手に入れることじゃないわ。
そこに辿り着くまでの過程よ。

L'important n'est pas l'objectif mais le chemin.

今日、女性に閉ざされている扉は
ほとんどといっていいほどないわ。
でも、その扉を開ける勇気がまだ必要ね。

Aujourd'hui, il n'y a presque plus de portes fermées aux filles.
Encore faut-il avoir l'audace de les ouvrir.

クローディ・エニュレ／Claudie Haigneré（1957年〜）
政治家でありながら、宇宙飛行士である。政治では、研究新技術担当大臣や、欧州渉外担当大臣を務めた。宇宙のミッションでは、1999年に女性で初めて宇宙に6ヵ月間滞在する大役を果たす。

※・※・※・※・※・※・※・※・※・※・※・※・※

パリジェンヌは地方から来ている。
本当のパリジャンは、パリを夢見ていた人たちのことで、
南米人だったり、イタリア人だったり。パリを心から
手に入れたいと思った時、さらにもっとパリを愛する。

La Parisienne vient de province : les vrais Parisiens sont
ceux qui ont rêvé de Paris, les Sud-Américains, les Italiens.
Quand on a désiré Paris, on l'aime encore plus.

必要なことは常に相対的に考え、
優先順位をリストアップすること。

L'excercice, c'est de perpétuellement relativiser
et de lister ses priorités.

イネス・ド・ラ・フレサンジュ／Inès de la Fressange（1957年〜）
フランスを代表する「元祖スーパーモデル」から、実業家になり、ファッションジャーナリストとしても、成功をおさめている、ファッションリーダー。特にパリジェンヌとは何かを解説した本『大人のパリ イネスのおしゃれガイド 私のルールと行きつけアドレス』は、日本語にも翻訳されている。

※・※・※・※・※・※・※・※・※・※・※・※・※

私は決して侮辱しませんよ、おじさん。
私は診断しているだけなの。
Je n'injurie jamais monsieur, je diagnostique.

沈黙は、最も美しい愛のあかしである。
Le silence est la plus belle preuve de l'amour.

アメリー・ノートン／Amélie Nothomb（1966年〜）
フランスが活動拠点の小説家。ベルギーで代々続く名門貴族政治家の家系で、外交官の父親の転勤で神戸に渡り、5歳まで日本で育った。その後も父親と一緒に中国やニューヨークなど海外を転々とした。23歳の時に再来日して三井物産に1年間勤務した経験もある。自伝的小説『畏れ慄いて』は、フランスで50万部のベストセラーになり、2003年に映画化されている。

＊＊＊＊＊＊＊＊＊＊＊＊＊＊＊＊＊＊＊＊＊＊＊

男性の頭の中って、我々女性の頭と違うのね。
彼らは一度にいろんなことを
一緒に片付けられないのね。
Le cerveau des hommes n'est pas fait comme le nôtre,
ils sont incapables d'entreprendre plusieurs choses à la fois.

私は70歳で離婚する人たちに感服するわ。
だってそれは、まさに素晴しい自由の証拠ですもの！
J'admire les gens qui divorcent à 70 ans.
C'est la preuve d'une liberté magnifique !

ソフィー・マルソー／Sophie Marceau（1966年〜）
フランスを代表する国際的な映画女優。トラック運転手の父とデパート店員だった母の第二子として生まれ、13歳で「ラ・ブーム」の主役にオーディションで選ばれて、一気にスターダムに登り詰める。その後は、英語もマスターし、英米の映画にも果敢に挑戦し、数々の国際的な映画の賞を受賞する。1995年には、短編映画初監督をして、2002年には、長編映画監督としてデビューし、脚本と主演も兼ねるなど、八面六臂の活躍をしている。

参考文献

Marc et Danielle Bonel, *Edith Piaf, le temps d'une vie*, Edition de Fallois
Kate Williams, *Joséphine, Désir, Ambition, Napoléon*, Robert Laffont
Marcel Sauvage, *Les mémoires de Joséphine Baker*, Editions Dilecta
André Castelot, *Joséphine*, Librairie Académique Perrin
Anne Rivière et Bruno Gaudichon, *Correspondance Camille Claudel*, Gallimard
Jacques Bainville, *Napoléon*, Arthème Fayard&Cie
Jean-Michel Laot, *Correspondance, Lettres Intimes Napoléon&Joséphine*, Editions SPM
Billy Kluver, *Kiki et Montparnasse 1900-1930*, Flammarion
Juliette Gréco, *Je suis faite comme ça, Mémoires Juliette Gréco*, Points
Juliette Gréco, *De Saint-Germain-des-Prés à Saint-Tropez*, Flammarion
Angela Clouzet, *Gérard Jouannest de Brel à Gréco*, Albin Michel
Bertrand Dicale, *Juliette Gréco une vie en liberté*, Tempus Perrin
Paz Magdeleine, *La vie d'un grand Hommes George Sand*, Corréa
George Sand, *Un hiver à Majorque*, bilibu
Simone de Beauvoir "*Le deuxième sexe*" Gallimard
Alice Schwarzer, *Entretiens avec Simone de Beauvoir*, Mercure de France
Huguette Bouchardeau, *Simone de Beauvoir*, Flammarion
Sarah Bernhardt, *Ma double vie*, Editions Phébus
Stéphane Zweig, *Marie-Antoinette*, Le Livre de Poche
Jean-Claude Lamy, *Françoise Sagan, une légende*, Mercure de France
Henri Guillemin, *Jeanne dite Jeanne d'Arc*, Gallimard
Isadora Duncan, *Ma vie*, Gallimard
Marie Curie, *Lettres*, Pygmalion
Charlotte Perriand, *Une vie de création*, Editions Odile Jacob
Xavière Gauthier, *Pionnières, de 1900 à nos jours: Elles ont changé le monde*, Flammarion
Claude Gagnière, *Pour tout l'or des mots: au bonheur des mots, des mots et merveilles*, Robert Laffont
Dominique Missika, *Les Françaises au XXe siècle*, Seuil
Antoinette Fouque, Mireille Calle-Gruber, Béatrice Didier, *Dictionnaire universel des créatrices*, Editions des femmes
P.Dupré, *Encyclopédie des citations*, Trévise
Alain Dag'Naud, Olivier Dazat, *Dictionnaire Inattendu des Citations*, Hachette
Les meilleures citations déprimantes pour bien commencer la journée, Folio
Yannik Resch, *200 femmes de l'histoire: Des origines à nos jours*, Eyrolles

沢田美喜『黒い肌と白い心 サンダース・ホームへの道』創樹社 1991
本庄豊編『シリーズ戦争孤児』汐文社 2014
青木冨貴子『GHQと戦った女 沢田美喜』新潮社 2015
藤田嗣治『猫と女とモンパルナス』ノーベル書房 1968
ジュリエット・グレコ 中村敬子訳『グレコ 恋はいのち』新潮社 1984
樋口一葉『樋口一葉全集』全4巻 筑摩書房 1994
樋口一葉『樋口一葉集』筑摩書房 1989
フランソワーズ・サガン 吉田加南子訳『サラ・ベルナール 運命を誘惑するひとみ』河出書房新社 1989
松井須磨子『牡丹刷毛』日本図書センター 1997
別冊太陽『近代恋愛物語50』平凡社 1979
飯塚くに『父 逍遙の背中』中央公論社 1994
シモーヌ・ヴェイユ 田辺保訳『重力と恩寵 シモーヌ・ヴェイユ「カイエ」抄』ちくま学芸文庫 1995
佐々木真『図説フランスの歴史』河出書房新社 2011
安達正勝『マリー・アントワネット フランス革命と対決した王妃』中公新書 2014
大谷暢順『ジャンヌ・ダルクと蓮如』岩波新書 1996
ジェローム・スピケ 大西穣訳『ナディア・ブーランジェ』彩流社 2015
他

おわりに

　3年の時が流れていた。こんな本をまとめてみたいと思い、準備を始めてから。それは、私がフランスで25年という年月を過ごす中で、挫折しそうになる心を、あたかも強力なビタミンのように、エンパワーメントさせてくれた、フランスの女性たちへのオマージュとしての本。幼少期に祖母から「あなたは日本から出て、世界を知らないといけない」とあまりにも無謀な事を言われてから、私を導いてくれたフランスの女性たちだ。

　本書を準備するにあたり、フランス語の本を提供し、常に協力をしてくれた、ドレカミジャポンの会長であり、ポール・クローデル協会の会長でもある、ユベール・マルタン氏に心から感謝。この本のデザインをしていただいた松田澄子さんに感謝。そして、本書の完成に、最後まで心強く助けてくれた編集の宮崎雅子さんに尽くせぬ感謝。最後に独占インタビューにご協力いただいたジュリエット・グレコさんにも心より感謝。

　執筆を通して、フランス女性たちの心のリベルテ（自由）を追求すればするほど、日本女性をはじめとして、アジアの女性たちに、大いなる新時代を期待したくなった。未来は私たちの心の中にある！　くれぐれも心のビタミンをお忘れなく。

パリにて　畠山奈保美

畠山奈保美（はたけやま なおみ）
Naomi B. Sauvage

東京都文京区白山生まれ。日大芸術学部演劇学科を卒業後、文学座演劇研究所に入所。松井須磨子に関する卒論が縁で、坪内逍遙の養女、故・飯塚くにと知り合い、口述筆記による、最初の書きおこし原稿を完成。後に『父 逍遙の背中』として中央公論社から出版。1991年にイタリアのローマで1年半滞在、その後パリで国立演劇大学院の教授であり演出家と結婚し、東京でヨーロッパ形式の演劇塾を主宰。2011年以降は日本を中心に執筆活動や、講演会、セミナーなどを多数開催。2012年に出版した『私が輝く、パリジェンヌ・レッスン』（ソフトバンククリエイティブ刊）は、アジア諸国でも翻訳されている。ドレカミジャポン株式会社代表。パリ在住。
doreekami@gmail.com

監修：大野修平、Michel Théoval
協力：中村敬子（有限会社アンフィニ代表）、西田恵子（澤田美喜記念館）、
　　　木村あゆみ（早稲田大学坪内博士記念演劇博物館）、春日規子宮司（牛天神北野神社）、
　　　Etienne Fisher、リスペクトレコード、
　　　Centre des monuments nationaux、Musée Rodin、Maison de George Sand、
　　　Château de Malmaison、Musée de la Citadelle Vauban、Le Figaro

Special thanks to Madame Juliette Gréco

ブックデザイン：松田澄子（タイガー＆デザイン）
撮影：畠山奈保美（p.3,24,25,27,37,38,40,41,42,59,71,73,89上 ,94,95,111,115,116,128,129,133,134）
執筆協力：Hubert Martin（ポール・クローデル協会会長＆ドレカミジャポン会長）
　　　　　日原知子、小高一絵、竹内和司（プレスパリ）
　　　　　Eric Augustin、三上尚子、Baptiste Tavernier
　　　　　Justine Le Gouy、藤野 満
　　　　　瀬藤澄彦（パリクラブ会長）
校正：鷗来堂
編集：宮崎雅子

パリジェンヌの心のビタミン
波瀾万丈もこわくない、
心を強くスリムにしてくれる名言集

2016年12月17日　第1刷発行
著者：畠山奈保美（はたけやま なおみ）

発行人：圖師尚幸
発行所：株式会社 六耀社
　　　　〒136-0082
　　　　東京都江東区新木場2-2-1
　　　　Tel.03-5569-5491
　　　　Fax.03-5569-5824
　　　　www.rikuyosha.co.jp
印刷所：シナノ書籍印刷株式会社

©2016 Naomi Hatakeyama
ISBN978-4-89737-874-9
Printed in Japan
NDC290　144p 21cm

本書の無断掲載・複写は著作権法上でも例外を除き、禁じられています。
落丁・乱丁本は、送料小社負担にてお取り替えいたします。